FEITIÇOS

e como eles funcionam

EDITORA ARDANE

AVISO

A editora e seus escritores não se responsabilizam por eventuais lesões ou prejuízos sofridos pelo leitor que possam decorrer da utilização do conteúdo presente nesta obra e sugerem prudência ao ponderar sobre as práticas apresentadas neste livro. O conteúdo desta leitura não tem como objetivo substituir orientações de profissionais da área médica ou psicológica. Recomenda-se aos leitores procurar seus especialistas em saúde pessoal para tratamentos. O uso de ervas, plantas e óleos essenciais deve ser feito com cuidado, e uma investigação detalhada acerca de qualquer planta citada neste livro deve ser conduzida pelo leitor antes de manuseá-la. Ao lidar com fogo, siga as medidas de segurança contra incêndios e jamais deixe velas ou outras fontes incandescentes sem supervisão.

Tradução
Claudiney Prieto

Janet e Stewart Farrar

FEITIÇOS

e como eles funcionam

Um guia completo das Bruxas sobre a arte de fazer Magia

Com ilustrações em bico de pena de Stewart Farrar

EDITORA ARDANE

Publicado originalmente em inglês sob o título: Spells and How They Work

Tradução autorizada do inglês

Editor: Claudiney Prieto
Coordenação Editorial: Luciana Papale
Tradução: Claudiney Prieto
Diagramação: Ana Laura Padovan
Capa: Ardane Books
Revisão: Grupo Papale's

DADOS INTERNACIONAIS DE CATALOGAÇÃO NA PUBLICAÇÃO (CIP)
CÂMARA BRASILEIRO DO LIVRO, SP, BRASIL

F242 Farrar, Janet e Stewart
Spells and How They Work / Janet e Stewart Farrar; tradução de Claudiney Prieto
Editora Ardane| 1ª edição | São Paulo | 2023

Tradução de: SPELLS AND HOW THEY WORK
ISBN 978-65-85370-02-8

l. Wicca. 2. Esoterismo. 3. Bruxaria. 4 Magia I. Título.

CDD 133.43
CDU 133.4

Índice para catálogo sistêmico:
1. Bruxaria: Ocultismo 133-43

EDITORA ARDANE
www.ardane.com.br
Tel.: (11) 97774-4013 | E-mail: contato@ardane.com.br
Instagram: @ardanebooks

CONTEÚDO

09 | Introdução

12 | I Feitiços Funcionam?
16 | II Porque e como os Feitiços Funcionam
22 | III A Ética dos Feitiços
28 | IV Efeito Bumerangue
32 | V Autodefesa Psíquica
40 | VI Configuração de um Feitiço
64 | VII Magia Sexual
74 | VIII A Arte dos Feitiços e a Cabala
84 | IX Talismãs
92 | X Quando o Feitiço Vira Contra o Feiticeiro
98 | XI Feitiços do Mundo Antigo
110 | XII Feitiços da Idade Média e Posteriores
128 | XIII Feitiços de Outras Terras
148 | XIV Feitiços Folclóricos
178 | XV Feitiços de Cura
184 | XVI Feitiços de Amor
198 | XVII Feitiços para Resolver Problemas
206 | XVIII Feitiços para o Clima
216 | XIX Feitiços de Contenção
222 | XX Feitiços Estranhos
230 | XXI A Cauda

Apêndices

233 | Apêndice 1: Horas Planetárias

235 | Apêndice 2: Quadrados Planetários

240 | Apêndice 3: Alfabetos Mágicos

249 | Apêndice 4: Alguns Fornecedores

250 | Glossário

256 | Bibliografia

FIGURAS

36 | Fig. 1 Pentagrama de Banimento

58 | Fig. 2 Pentagrama de Invocação

77 | Fig. 3 Árvore Cabalística da Vida

86 | Fig. 4 Um típico Talismã

239 | Fig. 5 Sigilo do nome de Regardie a partir do Quadrado Mágico do Sol

Para Barbara, Peter e Rhiannon Lee-Doyle

Beannacht Bhandé libh

INTRODUÇÃO

Publicar um livro com o nome de *Feitiços e Como Eles Funcionam* pode parecer uma invocação à questão, assumindo desde o início que eles realmente dão certo. Portanto, deixemos clara nossa própria posição.

É de nossa experiência, como Bruxos praticantes por mais de vinte anos, que, desde que sejam executados adequadamente, com uma compreensão dos princípios envolvidos - sim, feitiços funcionam; se não sempre, pelo menos com muito mais frequência do que a coincidência ou as explicações alternativas permitiriam.

Diante dessa atitude, é sensato questionar-se: (1) Por que eles funcionam? (2) Quais são os princípios operacionais utilizados para fazê-los funcionar? (3) Qual código de ética deve-se observar ao decidir se e como realizar um feitiço? (4) Quais são os perigos envolvidos?

Neste livro, tentamos responder a todas essas perguntas e a muitas outras. Também apresentamos muitos exemplos de feitiços antigos e novos.

Porém, gostaríamos de deixar uma coisa enfaticamente clara desde o início. Observando o código ético (do qual tratamos no Capítulo III), a ética não se limita apenas a uma questão de ser virtuoso e capaz de viver com sua consciência. O trabalho antiético que envolve os feitiços pode não ser apenas prejudicial ao "alvo". Também pode ser extremamente perigoso e, no final, autodestrutivo para a pessoa que os trabalha. E não em algum inferno hipotético, mas no aqui e agora.

Para terminar com um apelo pessoal, nossos livros anteriores provocaram uma enxurrada constante de cartas de leitores que ainda continua em quase todas as correspondências recebidas; então aproveitamos para pedir desculpas àqueles leitores a quem, por pura pressão do trabalho, respondemos inadequadamente ou não respondemos. Muitos nos pediram para fazer feitiços para eles. Por favor, não nos peça isso desta vez. Tentar resolver os problemas de dezenas de pessoas desconhecidas, as quais nunca vamos conhecer, certamente nos esgotaria, ou a qualquer outra pessoa, em uma semana. Também seria irresponsável, porque, por mais honesto que o escritor tente ser, não se pode ter o panorama completo; afinal, qual médico diagnosticaria e prescreveria pelo correio? E se você ler este livro com atenção, esperamos que descubra que apontamos um caminho para resolver tais problemas por si mesmo.

Yule, 1989.
Janet e Stewart Farrar

I

FEITIÇOS FUNCIONAM?

O materialismo das Revoluções Científica e Industrial dos últimos dois séculos rejeitou como fantasia, ou como fenômenos puramente psicológicos, todas as manifestações de habilidades e poderes psíquicos; embora, sob tudo isso, o folclore e o instinto popular tenham sabido melhor. Nos últimos anos, a atmosfera mudou; cientistas sérios estão estudando fenômenos psíquicos na suposição de que há algo para investigar. E as Bruxas, além de muitos outros (incluindo curandeiros cristãos), estão colocando ativamente os poderes psíquicos em uso prático. Grande parte dessa atividade pode ser classificada como "feitiços", embora algumas pessoas evitem tal palavra – e há evidências contundentes de que, feitos corretamente, os feitiços funcionam.

No entanto, o racionalismo dos últimos séculos conseguiu muito. Ele nos permitiu dominar o nível físico da realidade em um grau nunca antes sonhado. Tornou a vida (pelo menos em alguns países) mais saudável, mais longa, mais segura e mais bem cuidada; qualquer um que pense o contrário, se pudesse viajar no tempo de volta a Roma escravista, ou à Espanha Inquisitorial, ou a Londres vitoriana ou a Dublin, dentro de uma semana voltaria para nossa época tão rápido quanto pudesse apertar o botão.

Mas o próprio entusiasmo e obstinação desse racionalismo jogou fora alguns bebês importantes com a água do banho. Um dos mais vitais é a compreensão de que a matéria não é o único nível da realidade; que os outros níveis (que examinaremos no próximo capítulo) não são mera superstição, mas áreas ativas com leis próprias que podem ser entendidas com suficiente aplicação.

A revolução racionalista completou o círculo. Levou-nos a fronteiras dentro da própria ciência em que as leis do materialismo mecânico não são mais adequadas; é por isso que os pioneiros dessa ciência estão repensando sua visão da realidade.

Este livro é sobre feitiços. Até recentemente, nossa cultura racionalista os agrupava com as outras "superstições" que acreditava ter superado. Mas um "feitiço" é meramente um processo deliberado para alcançar um objetivo desejado; o que o diferencia de outros processos desse tipo é que ele usa níveis e leis que o materialismo mecânico repudiou. (É interessante que a cultura racionalista, com seu dom de compartimentalização, tenha aceitado a oração como pelo menos respeitável; no entanto, o que é a oração senão uma forma de encantamento, uma tentativa de alcançar o que você quer, sintonizando-se com os níveis não materiais de realidade?)

Para fazer um feitiço, não se deve descartar a racionalidade; deve-se usá-la como uma ferramenta para entender as leis dos níveis envolvidos, planejar a operação de acordo com essas leis, analisar os resultados honestamente e aprender com a experiência, tanto os métodos frutíferos de trabalho quanto às armadilhas que podem ser encontradas. E o paradoxo disso é que se deve aprender, racionalmente, quando é preciso colocar a racionalidade de lado e trabalhar pela intuição, pela emoção e por todas as faculdades que a racionalidade prefere domar. E (novamente de forma racional) é preciso saber o momento certo para voltar.

Porque, em nossa experiência, e na de inúmeras outras pessoas, feitiços não são superstições. Eles são um método eficaz de alcançar objetivos legítimos.

Vejamos, então, algumas das leis e princípios envolvidos.

II

PORQUE E COMO OS FEITIÇOS FUNCIONAM

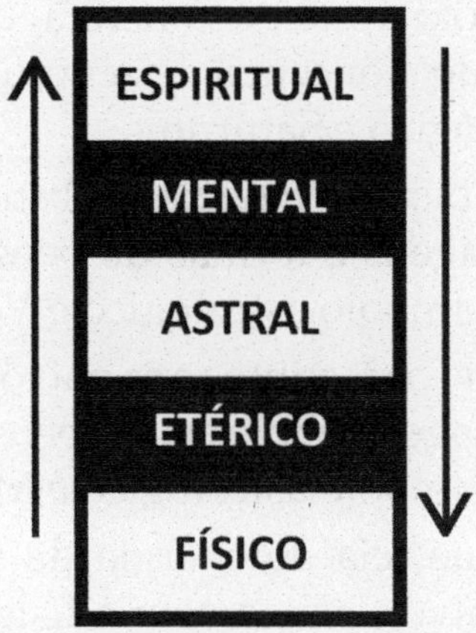

Se o trabalho eficaz com feitiços depende de "níveis de realidade" e da compreensão de suas leis e de sua interação, quais são esses níveis?

Os nomes geralmente dados a estes níveis na filosofia ocultista são: "espiritual", "mental", "astral", "etérico" e "físico" - alguns deles muitas vezes subdivididos. São níveis relevantes, é claro, tanto para o cosmos como um todo quanto para nós mesmos como indivíduos humanos. Como o trabalho com feitiços é uma atividade dos humanos, vamos considerar os níveis particularmente nesse contexto.

Espiritual superior: este é o nível do espírito puro ou abstrato, a centelha divina interior de cada um de nós. Ele extrai sua energia diretamente do Grande Imanifesto, a fonte suprema de todas as coisas. Seu símbolo astrológico é o Sol.

Espiritual inferior: às vezes conhecido como espírito concreto. A teoria oculta sustenta que cada um de nós é da natureza de um dos sete raios do espectro da existência, e que é no nível espiritual inferior que nosso raio particular estabelece a tônica de nossa individualidade. Seu símbolo astrológico é Júpiter.

Mental superior: a mente abstrata, onde o indivíduo passa a formar conceitos sob a influência de sua natureza espiritual. Seu símbolo astrológico é Mercúrio.

Mental inferior: a mente concreta, definindo, analisando e categorizando conceitos e acumulando memória. Seu símbolo astrológico é Saturno.

Astral superior: as emoções abstratas. Anseio em se relacionar. Imagens e formas de pensamento relacionadas com isso. Seu símbolo astrológico é Vênus.

Astral inferior: os instintos e as paixões. Desejo de atrair ou de possuir. Imagens e formas de pensamento relacionadas com isso. Seu símbolo astrológico é Marte.

Etérico: a tênue teia de energia da matéria próxima que liga todos os níveis acima com o físico, mantendo-o assim em existência. Seu símbolo astrológico é a Lua.

Físico: a matéria densa, o corpo material. Seu símbolo astrológico é a Terra.

Na teoria da reencarnação, sustenta-se que os níveis espiritual e mental superior de um ser humano constituem a Individualidade, a parte imortal que sobrevive de vida em vida e que contém as essências masculina e feminina em equilíbrio. Já os níveis mental, astral, etérico e físico inferiores formam a Personalidade, a transitória "roupagem" que a individualidade adquire para cada encarnação separada e que às vezes é masculina, às vezes feminina.

Como o nível astral é de particular importância no trabalho com feitiços, a definição acima deve ser um pouco amplificada. A divisão em astral Superior e Inferior é uma simplificação excessiva; a experiência mostra que o Plano Astral é um espectro contínuo. Em sua extremidade superior, suas imagens e formas--pensamento são quase mentais, mas pertencem ao astral, porque estão impregnadas de emoção. Em sua extremidade inferior, às vezes é chamado de "contraparte astral da manifestação física", pois cada entidade física ou objeto está intimamente associado a uma imagem astral de si mesmo; obviamente, é a contraparte astral de um determinado objeto ou pessoa que o feitiço busca influenciar através da imaginação (uma função astral), concentração (mental) e força de vontade (algo de ambos), como um caminho direto para influenciar o físico.

Uma coisa importante a ser lembrada sobre esses níveis é que eles falam e entendem idiomas diferentes. O nível mental usa palavras e processos lógicos. Os níveis astral e físico trabalham ambos na linguagem do Inconsciente; o nível astral em símbolos e imagens, o nível físico em sensações - tátil, somática, visual e assim por diante. Assim, o trabalho para feitiços bem-sucedidos deve envolver uma comunicação eficaz entre todos eles, o nível mental usando o planejamento lógico para alcançar isso antes do início do trabalho, não durante ele.

Como Andraste de San Francisco coloca:

> O envolvimento sensual no trabalho e seus atributos é de primordial importância na energia. O eu inconsciente é a única porta de entrada para o eu superior, e envolver o inconsciente significa utilizar sentidos, símbolos, sentimentos e rituais, não racionalidade e lógica.

É importante compreender este princípio de "linguagens diferentes" para os vários níveis. Para muitas pessoas, é o "calcanhar de Aquiles" para categorizar o trabalho com feitiços como superstição e bobagem. Por exemplo, em nossa lista anterior, apontamos os símbolos astrológicos dos vários níveis - Mercúrio para o Mental Superior, Saturno para o Mental Inferior e assim por diante. E as correspondências, você vai descobrir, incluem coisas como cartas de Tarô, animais míticos e divindades Pagãs.

A questão é que nem é preciso aceitar o efeito de Vênus e Mercúrio em trígono, ou as promessas do Nove de Ouros, ou as advertências funestas do Basilisco, ou a existência de Ishtar, para perceber que estes são símbolos úteis para relacionamento, categorias, atitudes e qualidades. E quanto mais aprendemos sobre seus significados tradicionais, mais sutil e complexo é o sistema de comunicação que podemos construir entre os níveis.

Afinal, o mais apegado racionalista entre nós usa metáforas na fala cotidiana - "pega essa bola", "em outro horizonte", "colocar os pingos nos is", "uma cruz para carregar" - não porque somos jogadores, marinheiros, tipógrafos ou cristãos, mas porque transmitimos significados precisos em forma encapsulada. Então, por que não devemos usar (por exemplo) o símbolo de Júpiter para expressar organização produtiva, mesmo que tenhamos dúvidas sobre astrologia?

O Inconsciente quer e precisa se comunicar com a Autoconsciência (e vice-versa) para a saúde e eficiência total. Ele não pode se comunicar em palavras, por isso agarra avidamente quaisquer símbolos que a consciência do Ego entenda e ofereça, e os adiciona ao seu vocabulário de comunicação.

Trabalho com feitiços depende da compreensão e uso deliberado das leis de interação entre os níveis. Então, se isso envolve a construção de vocabulários de símbolos "irracionais", não é um passo racional a ser dado? Podemos até descobrir, no processo, que alguns desses símbolos não são tão "irracionais" quanto pensávamos.

III

A ÉTICA DOS FEITIÇOS

A ética do trabalho com feitiços não se trata apenas de pensamentos piedosos aos quais se deve prestar reverência, como a admirável moralidade de um sermão de domingo que é ignorado na vida prática da semana. Referem-se a um conjunto de princípios, cujo desconhecimento pode e terá consequências desastrosas, e não apenas para a pessoa a quem o feitiço é dirigido; tal dano é muitas vezes transitório de qualquer maneira, se a pessoa for psíquica e emocionalmente saudável. Ignorá-los pode causar (e se persistir, certamente causará) danos duradouros ao Bruxo.

Feitiços egoístas, malignos ou irresponsáveis, no final, repercutem no Bruxo; consideraremos o chamado "Efeito Bumerangue" no próximo capítulo. Mas é também um campo minado, autoinfeccioso, que causa danos cumulativos à personalidade.

O lema ético do trabalho com feitiços deve ser a máxima Wiccaniana: "Sem a ninguém prejudicar, faça o que desejar" – e "faça o que desejar" não significa "vale tudo"; mas, sim, "tenha seu objetivo legítimo claramente em mente e trabalhe para alcançá-lo". A ênfase deve estar no "fazer" e não no "desejar".

As regras podem ser resumidas da seguinte forma:

1. Nunca trabalhe para prejudicar ninguém.
2. Nunca trabalhe para manipular alguém contra sua própria vontade ou seu desenvolvimento natural.

3. Nunca assuma que conhece todos os fatores envolvidos na situação ou na pessoa com quem está trabalhando.
4. Nunca trabalhe para seu próprio benefício às custas de outra pessoa.
5. Forme seu feitiço com precisão e cuidado, para não deixar brechas que possam resultar na quebra inadvertida das regras de 1 a 4.

A regra 1 é autoexplicativa. Considere até mesmo um feitiço bem-intencionado honestamente e sem hipocrisia e você saberá quebrá-lo.

Já a regra 2 exige novamente um autoexame, mesmo quando você acha que seu feitiço é bem-intencionado. É muito fácil se convencer (como um pai possessivo) de que você sabe o que é melhor para a pessoa em questão.

Susa Morgan Black, de San Francisco, diz bem:

> Quando você cria algo, tem que lidar com os resultados. Qualquer coisa que "pôr para fora" voltará para você. A magia do amor, por exemplo, serve para atrair o maravilhoso Sr. Desinteressado. Estamos todos em nossos próprios caminhos individuais e temos livre-arbítrio. Brincar com o livre-arbítrio de outra pessoa é desastroso. Pode parecer funcionar por um tempo, mas o preço é a autodestruição. Sempre que faço um feitiço, acrescento a cláusula "e que este feitiço funcione para o maior bem de todos", ou "que não prejudique a ninguém.

Elen J. Williams de Londres adverte:

> Devemos ser cautelosos em fazer o bem às pessoas, quer elas queiram ou não!
> É muito fácil e reconfortante para os membros do Coven e aqueles que pedem para trabalhar, operar em um nível bastante baixo e superficial. Acho que uma postura ética elevada exige que realmente pensemos e sintamos através do que estamos fazendo, mesmo quando as coisas parecem ser "obviamente benéficas".
> Isso levanta a questão de saber se devemos trabalhar para alguém sem o seu conhecimento. Eu não acho que devemos estabelecer qualquer regra dura e apressada sobre isso; às vezes fazemos essas coisas, mas sempre consideramos a ética disso primeiro com muito cuidado, e percebemos que temos que assumir total responsabilidade pelo que fazemos.

A *Wicca Française* (uma federação bem-organizada de Covens na França e em alguns outros países) nos diz:

> Nós nunca lançamos nenhuma maldição, mas podemos influenciar alguns de nossos membros e seus amigos, quando eles têm um exame para passar (testes de condução ou seja o que for), de modo a facilitar as coisas para eles. Mas os próprios beneficiários são informados e muitas vezes são os primeiros a nos apresentar o pedido.

Nem todo mundo seria tão estrito assim sobre informar a pessoa para quem se trabalhou. Descobrimos, por exemplo, que às vezes há casos em que a ajuda é obviamente necessária e pode ser dada –, mas a pessoa em questão, por mais amigável que seja pessoalmente, pode ficar nervosa com a ideia da Bruxaria estar sendo trabalhada para ela! Mas seja qual for o motivo, trabalhar com feitiços sem informar os envolvidos deve ser cuidadosamente considerado de antemão para decidir se é justificado.

Um resultado muitas vezes benéfico de uma pessoa saber que a Magia está sendo trabalhada para ela é o que chamamos de "Efeito Placebo" (com o qual todo médico está familiarizado). Frequentemente nos pedem para realizar feitiços, especialmente para cura, e prometemos fazê-lo – pretendendo, digamos, trabalhar acerca disso em nosso próximo Círculo no Coven. Então, antes mesmo de podermos realizar o ritual, a pessoa entra em contato para nos agradecer pelo sucesso – o problema foi resolvido, a condição curada ou qualquer outra coisa aconteceu. De fato, o simples conhecimento de que o trabalho seria feito teve o efeito necessário sobre a pessoa em questão e, portanto, sobre a situação ou condição. Bem e bom; mas nunca se deve confiar no Efeito Placebo ou tirar proveito dele. Na verdade, é uma boa prática reafirmar e fortalecer o sucesso magicamente o mais rápido possível.

A regra 3 está expressa perfeitamente na oração do índio Sioux: "Ó Grande Espírito, não permita que eu julgue meu semelhante até que eu tenha andado uma milha com seus sapatos". Pode-se presumir aqui também, com base em informações inadequadas, que se sabe o que é melhor para uma pessoa ou situação. Faça sua lição de casa muito bem antes de agir.

Isso reforça o que dissemos na introdução: que, mesmo com a melhor das intenções, fazer feitiços para pessoas estranhas que você não conheceu pessoalmente, e que apenas escreveram pedindo ajuda, está repleto de armadilhas. Se o problema parecer grave o suficiente, peça ao solicitante que venha vê-lo e, mesmo assim, prossiga com cautela; ou coloque alguém de confiança que more próximo ao solicitante em contato com ele.

A regra 4 também exige reflexão. Não há nada de imoral em fazer feitiços para suas próprias necessidades ou mesmo para seus desejos razoáveis em excesso às necessidades básicas; mas é preciso ter a certeza de que ninguém mais sofrerá se você for bem-sucedido. Para dar um exemplo extremo: trabalhar por um dinheiro necessário é muito prático –, mas você realmente quer que isso aconteça quando o tio Fred está morrendo jovem e deixando tudo para você em seu testamento? Aqui também vai a frase de ouro "sem a ninguém prejudicar".

Abordaremos as implicações da Regra 5 - formulação precisa - no Capítulo VI, onde lidamos com as etapas reais envolvidas na preparação e trabalho de um feitiço.

Basicamente, o trabalho ético com feitiços deve ser preocupado com a fecundidade, o progresso, a saúde, a resolução de problemas e a remoção de barreiras. O trabalho antiético com feitiços gira em torno da busca de poder, independentemente das consequências – o que pode se tornar tão viciante e autodestrutivo quanto drogas pesadas.

"A busca pelo poder", aponta Tezra da Califórnia, "não é em si uma busca amaldiçoada; mas muitos que buscaram o poder o fizeram em lugares maus, e também em fontes facilmente áridas. Prefiro uma fonte tão grandiosa que nunca pode ser drenada, e que cresce enquanto é compartilhada. Prefiro nos perceber como lentes para focalizar o poder, e o Poder está tanto lá fora, na Terra, quanto em cada um de nós. Cada pessoa pega o que precisa e fundamenta ou libera o resto; e sendo tão grande e renovável, sempre sobra muito".

O trabalho ético de feitiços e uma compreensão do que Starhawk chama de "distinção" entre "poder-sobre" e "poder-interior" não é apenas moralmente louvável. É também amplamente muito mais seguro.

IV

EFEITO BUMERANGUE

O Efeito Bumerangue é expresso na máxima ocultista tradicional: "Qualquer ataque psíquico com o qual se deparar com uma defesa mais forte rebaterá três vezes no atacante".

"Três vezes" pode soar mais metafórico do que preciso – como você mediria o rebote? Porém, se considerarmos como "um efeito ainda maior", certamente vamos descobrir que é verdade; e que essa é uma das maiores razões práticas (além das questões éticas) para se abster de Magia negativa. Moralidade à parte, nem mesmo o Mago nefasto mais poderoso pode ter a certeza de que nunca vai encontrar essa defesa mais forte; é por isso que a Magia negativa é sempre, no final, autodestrutiva.

"Uma defesa mais forte" pode significar três coisas. Primeiro, é claro, uma defesa consciente e deliberada quando você está ciente do ataque. Segundo, o hábito de se manter permanentemente em estado de defesa. E terceiro, uma camada psíquica naturalmente resistente – que muitas pessoas, mesmo sem nenhum conhecimento oculto ou mesmo uma crença no psiquismo, possuem.

Deve-se sempre manter um equilíbrio entre o primeiro e o segundo aspectos. Uma obsessão ininterrupta com a defesa psíquica pode resultar em paranoia e desviar a energia e a atenção de assuntos positivos. A melhor atitude a desenvolver é a de uma calma confiança e de melhoria de sua consciência psíquica, de modo que você sempre saberá rapidamente se um ataque estiver a caminho. O aprimoramento da consciência psíquica e da sensibilidade é um objetivo central da prática da Arte – e deve ser visto como um desenvolvimento integral, para a sensibilidade, as oportunidades e fenômenos positivos, e também para as necessidades dos outros, não apenas para as ameaças.

Entraremos no assunto da autodefesa psíquica no próximo capítulo, mas vamos enfatizar aqui que a resposta ao ataque psíquico nunca deve ser o contra-ataque, que é cheio de perigos; deve ser a confiança no Efeito Bumerangue fortalecendo suas próprias defesas e, se necessário, um feitiço de contenção, que explicamos no Capítulo XIX.

Valerie Worth (*The Crone's Book of Words*, p. 98) dá um feitiço para quebrar uma maldição de maneira que ela retorne à sua fonte. Você coleta quatro galhos caídos – de aveleira, carvalho, olmo e salgueiro – e os segura na fumaça de uma fogueira enquanto repete sete vezes:

> Girador seja girado
> Queimador seja queimado:
> Que venha o bem somente
> Desta madeira pendente.

Você então cospe em cada galho, quebra-os em pedaços e joga-os no fogo. "A maldição morrerá com a morte do fogo".

Depois de tanta discussão de princípios, este é o primeiro feitiço que citamos que envolve o que o racionalista chamaria de *mumbo-jumbo*. Por que os quatro galhos? Por que especificamente aquelas quatro árvores e por que cuspir e queimar?

Citaremos dezenas de outros feitiços, particularmente nos capítulos XI-XIV. As fórmulas, ações e objetos ou substâncias que os envolvem podem ter muitos propósitos diferentes. Às vezes, francamente, esses artifícios servem apenas para impressionar os não iniciados. Mas às vezes podem ser uma memória distorcida de algo que originalmente tinha uma razão prática física, psicológica ou psíquica. E, ainda, mais frequentemente, eles podem estar invocando um simbolismo, seja consciente ou inconsciente, que auxilia a comunicação internível de que falamos no Capítulo II, acerca do por que e como os feitiços funcionam.

O que não se deve fazer é descartar os subterfúgios de imediato só porque a razão de sua forma não é imediatamente óbvia para a análise racional. Você pode descobrir que eles funcionam, embora não saiba o porquê de sua poderosa simbologia estar tão enterrada em seu Inconsciente pessoal (ou mesmo no Inconsciente Coletivo), a ponto de sua consciência ter de encontrá-los.

Um feitiço tradicional é muitas vezes parecido com a poesia, pois o poder pode se manifestar mesmo que as razões para seu funcionamento permaneçam um mistério. É melhor manter uma mente cautelosamente aberta.

Susa Morgan Black nos envia outra forma de garantir o Efeito Bumerangue e desviar a energia ruim de volta ao remetente, cuja simbologia é mais aparente.

"Pegue um espelho especial de mão", diz ela, "e simplesmente vire-se completamente com o espelho refletindo para fora e faça uma afirmação como:

Círculo de Reflexão,
Círculo de Proteção,
que o remetente do mal em andamento.
Sinta o poder deste encantamento.

Nós mesmos usamos espelhos para esse propósito quando descobrimos, certa vez, quem estava trabalhando contra nós e em que direção a pessoa vivia. Colocamos um espelho em uma janela adequada, voltado para fora naquela direção, desejando que ele enviasse a malevolência de volta à sua fonte.

Mas este trabalho realmente nos leva ao próximo capítulo.

V

AUTODEFESA PSÍQUICA

"A única coisa a temer é o próprio medo" (uma condensação da memorável declaração de F. D. Roosevelt) é frequentemente citada no ensino ocultista. Ela contém uma verdade importante, mas como muitas verdades resumidas, é uma simplificação excessiva.

O medo no sentido dos três p's – paranoia, pânico e paralisia – é totalmente negativo e mina nossas defesas. O medo no sentido de consciência do perigo, estimulando a preparação para lidar com ele e fazendo a adrenalina fluir é o sistema de segurança natural de qualquer espécie, inclusive a nossa.

Quando se trata de feitiços, a consciência do Efeito Bumerangue é, como vimos, o elemento que mais inspira confiança nesse sistema de segurança. Esse efeito, porém, depende de uma defesa saudável; e há muitas coisas que se pode fazer sobre isso.

A defesa primária, 24 horas por dia, é uma atitude de calma confiança, o conhecimento de que seu próprio trabalho é positivo e não maligno, de modo que não haja fendas em sua armadura psíquica quanto a isso.

Mas há momentos em que um instinto treinado ou informações factuais lhe dizem que é aconselhável uma defesa extra de curto prazo. A defesa básica desse tipo é o Círculo Mágico.

O Círculo das Bruxas tem, de fato, duas funções: protetora e amplificadora. Ele impede a entrada de influências indesejadas e evita que o poder acumulado se dissipe até o momento de sua liberação proposital. Ambos são especificados na declaração ritual feita ao lançar o Círculo.

Mostramos os rituais de lançar e banir o Círculo na íntegra em nossos livros anteriores (ver Bibliografia). Gostaríamos apenas de enfatizar aqui, que o trabalho deve sempre ser feito dentro de um Círculo, mesmo que seja apenas um mentalmente "selado"; e que lançar um Círculo é um reflexo condicional útil para se desenvolver num momento em que o ataque é conhecido ou suspeito.

Por "lançar um Círculo", queremos dizer aqui, rápida, mas vividamente, visualizar um Círculo protetor ao seu redor, lançado em sentido horário. E lembre-se de que "Círculo" realmente significa uma esfera ou um ovoide, envolvendo você completamente. O Círculo deve ser encarado como um ovo violeta levemente brilhante, através do qual nenhum dano pode passar, e sua realidade no Plano Astral deve ser aceita com confiança.

Também deve ser visto como se estivesse se movendo com você e ainda o envolvendo e protegendo-o enquanto se move, mesmo dentro de um veículo em alta velocidade.

Sua qualidade astral não é autoilusão – é a verdade. Nossa Donzela de Coven, Ginny, que mora a cinco quilômetros de nós, é muito sensível psiquicamente e diz que sempre sabe quando lançamos um Círculo ao redor de nossa cama à noite. É algo que nós (não sendo paranoicos) raramente sentimos necessidade de fazer; mas uma e outra vez, quando Ginny nos disse que fizemos isso, ela estava certa.

Valerie Worth (*The Crone's Book of Words*, p. 15) resume muito bem a importância relativa dos auxílios físicos e da atitude mental:

> PENDURE UM RAMO DE FREIXO SOBRE SUA PORTA,
> ENCHA OS BOLSOS COM PREGOS DE FERRO,
> LEVE SEMPRE A FOLHA DE VERBASCO,
> MAS DIGA ESTAS PALAVRAS CONTRA O PIOR:
> ENVOLTO EM CÍRCULOS DE LUZ EU VOU ESTAR
> QUE NADA PODERÁ ATRAVESSAR.

Falando de Círculos ao redor da cama - quando estiver lançando um Círculo protetor em casa, você deve sempre considerar o quão grande ele deve ser. Um ataque repelido por tal Círculo pode muito bem ser anexado em alguém próximo, porém fora dele; então, esteja pronto para lançá-lo em volta de toda a casa se houver alguém nela que possa estar vulnerável. Essa proteção também deve ser estendida aos animais, que são extremamente sensíveis e vulneráveis.

(Faremos referência no Capítulo XII à crença medieval de que as Bruxas mantinham animais familiares que não eram o que pareciam, mas demônios disfarçados. Na verdade, se não fossem meros bichos de estimação, eram bem o que pareciam - animais reais, mantidos justamente, porque os animais de verdade têm uma sensibilidade útil. Eles podem alertar, por seu comportamento desconfortável, quando há algo psiquicamente "não muito certo" na atmosfera, ou acerca de um determinado lugar, antes que você mesmo perceba. Nossa própria experiência e a de outras pessoas muitas vezes confirma isso.)

Um Círculo, uma vez lançado, deve ser banido (disperso) quando seu propósito terminar, ou reforçado por relançamento se for para ele permanecer.

Quando a direção de um determinado ataque que está vindo é conhecida, uma reação efetiva é o Pentagrama de Banimento da Terra traçado nessa direção com o dedo indicador direito (ou puramente mental, se alguém estiver observando e você quiser que sua ação permaneça privada). Isso é feito traçando a estrela de cinco pontas percorrendo todos os seus lados, começando da parte inferior esquerda até o ápice e traçando as outras em sequência (consulte Figura 1).

Fig. 1 – Pentagrama de Banimento

Se a direção real não for conhecida, mas você souber quem promove o ataque, a pessoa deve ser vista diante de você. Se souber tanto a direção quanto quem é o atacante, ainda melhor.

A ação física ou prevista deve, é claro, ser acompanhada por uma vigorosa rejeição mental do ataque –, mas sem qualquer desejo de prejudicar o agressor. Se a pessoa experimentar o Efeito Bumerangue como resultado, a responsabilidade é dela; mas o mal como tal nunca deve ser desejado.

Isso é particularmente importante (além da ética envolvida), porque o ataque psíquico raramente é direto ou mesmo deliberado, podendo resultar de um ressentimento engarrafado (nesse caso, pergunte a si mesmo honestamente se você o justificou – e, se perceber que o fez, se tomou medidas para corrigi-lo; a simples palavra "desculpe" é um feitiço poderoso em si) ou da paranoia de alguém sobre uma situação ou classe de pessoas que, por acaso, inclui você (nesse caso, ao culpado deve se lamentar e curar, não atacar). Ou pode ser um caso de vampirismo.

O vampirismo, na sensata terminologia oculta, não tem nada a ver com a imagem dos filmes de terror. Refere-se às pessoas que drenam a energia vital dos outros. Isso pode ser feito deliberadamente, por ocultistas "malignos" experientes, mas esse tipo de vampirismo é muito mais raro do que algumas pessoas pensam.

Alguns indivíduos são vampiros patológicos, extraindo energia doentia de outros que deveriam estar extraindo-a saudavelmente da Fonte Universal e de sua manifestação na

Natureza circundante. Pode-se (e deve) proteger-se contra tais pessoas – e como variam muito em grau, tal proteção pode ser incorporá-las em pequenas doses (todos temos amigos nessa categoria!) como descritas neste capítulo.

Vampiros patológicos, como os alcoólatras, por exemplo, precisam de cura, não de condenação. Se estiver preparado ou equipado para tentar promover tal cura, isso vai depender de você, mas não é realmente um assunto para este livro.

O vampirismo também pode ser temporário, como um subproduto de doença ou crise pessoal, e tais casos precisam ser tratados com compaixão e compreensão. Idosos inválidos podem ser particularmente propensos a isso e crianças pequenas na mesma casa são particularmente vulneráveis a eles; então, se tal situação existe, olhe discretamente para a proteção das crianças. A suspeita de ataque psíquico pode, na verdade, não ser nada disso. Pode até ser uma situação de turbulência astral ligada a uma crise de tensão política ou comunitária. Se tal turbulência for diagnosticada, a melhor defesa é isolar-se dela – recusando-se, por exemplo, a ser arrastado para discussões infrutíferas. Isso não significa, é claro, renunciar às suas responsabilidades como cidadão ou retirar-se para uma torre de marfim. Significa manter a calma e avaliar a situação de dentro de sua armadura psíquica. É da tensão que você se isola, não do problema em si.

Tudo isso pode parecer uma digressão do assunto da defesa psíquica contra os feitiços malignos. Mas de fato, os sintomas que fazem suspeitar de um ataque psíquico podem ter várias causas diferentes, e é extremamente importante conhecê-los e aprender a distingui-los, antes de saltar para a ação defensiva.

Dito isso, voltemos ao lado prático da defesa psíquica. Proteger uma casa ou apartamento inteiro pode ser feito de diversas maneiras mais duradouras do que por meio de um Círculo. Uma forma é consagrar água e sal e espalhar a mistura em todo o perímetro, marcando um Pentagrama de Banimento em cada abertura – porta, janela, chaminé, grade de ventilação e assim por diante. Outra é colocar um pequeno espelho em cada janela, voltado para fora.

As fórmulas tradicionais para consagrar a água e o sal são breves, então talvez devam ser repetidas aqui.

Para a água: Eu te exorcizo, ó criatura da água, que tu lances fora de ti todas as impurezas e máculas dos espíritos do mundo dos fantasmas, em nome de ______.

Para o sal: Que as bênçãos estejam sobre esta criatura de sal; que toda malignidade e obstáculo sejam lançados fora daqui e que todo bem aqui entre; razão pela qual eu te abençoo, para que tu possas me auxiliar, pelos nomes de _______.

Essas consagrações são feitas apontando um Athame na direção ou simplesmente segurando a tigela com as duas mãos. O sal é então derramado na água.

Voltando por um momento ao ataque psíquico, que se baseia na paranoia, a situação pode surgir (e com muita frequência em círculos ocultistas, infelizmente) quando um indivíduo ou grupo se convence de que estão agindo contra ele, ela ou eles e começam a reagir de acordo com isso. Essa situação muitas vezes pode ser mais um incômodo do que um perigo, e se o confronto racional falhar, uma ou mais formas padrão de defesa deve ser suficiente. Se o ataque persistir, muitas vezes ele simplesmente se esgotará - ou se (mais uma vez, infelizmente, com muita frequência nos círculos ocultistas), virou assunto de fofocas, mas a pessoa mantém a calma sobre isso, é muito provável que as fontes acabem fazendo uma chacota de si mesmos.

Uma forma ativa de defesa contra tal ataque, se persistir, é aterrá-lo. Por exemplo, pegue um pedaço de ferro, consagre-o e faça com que ele se torne um condutor para a influência maligna. Em seguida, enterre-o fora de sua casa com apenas uma das pontas à mostra, para que possa atrair a influência para si e passá-la para a terra para se dispersar.

A Mãe Terra é mais do que capaz de receber qualquer carga de energia, neutralizando sua malignidade e reutilizando a própria energia de forma frutífera. Mas se você se sentir incomodado com isso - por exemplo, se houver plantas vulneráveis por perto - consagre também um anel de fio de cobre de 30 cm de diâmetro, como um isolante da malignidade, e enterre-o para cercar o ferro, mas antes de o ferro ser inserido. Agora você pode considerar aquela parte de terra como seu monte de composto psíquico. (Com um pouco de imaginação, você vai descobrir que este feitiço de ferro pode ser adaptado para outros propósitos úteis.)

Não deveria ser necessário sublinhar neste momento, que todos esses gestos simbólicos ou rituais são inúteis sem uma forte visualização de seu propósito e uma determinação igualmente forte de que o propósito será alcançado – assim como, na verdade, todos os procedimentos de defesa mencionados neste capítulo.

Lidamos com rituais de proteção em uma base mais ampla do que feitiços em nosso livro *The Witches' Way*, Capítulo IX; e para um estudo mais profundo do assunto como um todo, recomendamos *Autodefesa Psíquica*, de Dion Fortune, e *Técnicas de Autodefesa Psíquica*, de Murry Hope.

VI

CONFIGURAÇÃO DE UM FEITIÇO

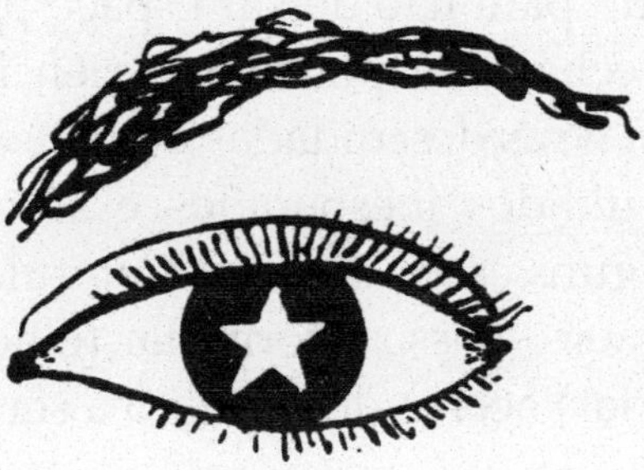

Um feitiço pode ser tão simples ou tão complexo quanto a ocasião exigir. Mas seja simples ou complicado, três fatores são essenciais: visualização precisa da intenção, concentração e força de vontade.

Concentração e força de vontade falam por si. A concentração é uma habilidade construída pela prática, e alguns acham mais fácil do que outros. A força de vontade inclui confiança - e isso depende em grande parte da compreensão dos vários níveis da realidade e de sua interação, e do conhecimento seguro de que eles existem. Dado esse entendimento e conhecimento, é muito mais fácil ter confiança de que, se fizer corretamente, seu feitiço funcionará. E isso, por sua vez, torna mais fácil aplicar sua força de vontade.

Tanto a concentração quanto a força de vontade contribuem para a construção do poder mágico - a carga psíquica, seja de um indivíduo, seja de um grupo, deve ser levada à máxima intensidade possível e depois descarregada para atingir o objetivo pretendido.

A visualização, no entanto, não é tão simples e requer uma consideração cuidadosa. Envolve dois aspectos: primeiro, a definição muito precisa do objetivo a ser trabalhado; e segundo, a visualização clara de quaisquer símbolos ou imagens que precisam ser lembrados para atingir esse objetivo.

O propósito em si deve ser expresso em palavras antes de começar - e em termos tão exatos quanto um documento de advogado projetado para não deixar espaço para possíveis mal-entendidos ou brechas. Ter pouca experiência com feitiços vai lhe ensinar que palavras descuidadas ou metafóricas levam uma e outra vez a resultados inesperados e às vezes indesejados; consideraremos alguns casos disso no Capítulo X.

Então, o primeiro passo é formular (e no caso de trabalho em grupo, concordar) acerca do objetivo a ser trabalhado muito claramente.

Isso é absolutamente essencial para o sucesso e para evitar "falhas de ignição".

Elen J. Williams postula bem:

> Muitas vezes passamos bastante tempo em uma reunião falando sobre o trabalho que estamos prestes a fazer e sintonizando o problema. Começamos então a ter uma ideia clara de como devemos trabalhar, quais forças estamos enfrentando e com quais devemos nos aliar. Por exemplo, um membro pediu que trabalhássemos pela devolução de um empréstimo. Em vez de trabalhar no dinheiro ou no mutuário, de repente ficou claro que deveríamos trabalhar para fortalecer o poder do credor de pedir seus direitos de uma maneira que não tolerasse mais procrastinação.
>
> Da mesma forma, ao discutir o trabalho de cura para alguém, ocasionalmente tivemos uma ideia clara de que não era nosso trabalho fazer isso – quase como se estivéssemos interferindo nos negócios privados daquela pessoa que tinha seu próprio caminho a percorrer em sua doença, talvez até a morte. Nessas situações, trabalhamos para dar a essa pessoa nosso amor e apoio, e para fortalecer as forças espirituais benéficas ao seu redor.
>
> Essencialmente, tentamos trabalhar com as forças naturais harmonizadoras e criativas, reconhecendo que muitas vezes parecem destrutivas a curto prazo. Nosso trabalho de maior sucesso foi quando as forças foram bem alinhadas e claramente compreendidas. Isso é mais fácil quando conhecemos a pessoa muito bem, e alguns de nossos trabalhos mais bem-sucedidos têm a ver com o crescimento espiritual e psicológico dos membros do Coven.

Christine Best of Tralee ressalta que um problema que parece à primeira vista envolver uma ação negativa, geralmente pode ser reavaliado e abordado de maneira positiva. Seu Coven conhecia um casal que havia se separado e cada um tinha um novo parceiro; mas a mulher do casal original estava causando problemas - por exemplo, tentando colocar os filhos contra sua nova madrasta -, não porque ela os quisesse ou ao homem de volta, mas por maldade. O primeiro instinto do Coven foi atá-la e contê-la; mas depois de uma análise mais cuidadosa, eles decidiram trabalhar para a paz de espírito e a felicidade da mulher em seu novo relacionamento (que, afinal, ela mesma havia escolhido). Isso funcionou e a harmonia geral foi restaurada.

O princípio multinível que discutimos no Capítulo II não é apenas uma teoria em segundo plano; deve ser uma atitude mental. Andraste de São Francisco nos diz:

> Acho que, em geral, é importante ter consciência dos níveis. Uma vez que a consciência de que um feitiço é necessário ou poderia ser útil entra na mente, e a mente começa a planejar como trabalhar o feitiço, logo chega-se ao nível de visualização, símbolos, correspondências e envolvimento de ligações físicas no trabalho real.
>
> A manipulação dos vínculos de objeto então move a energia através dos níveis arquetípico e mental e, se for liberada, estará livre para afetar o mundo físico.
>
> Liberar a energia de um feitiço é extremamente importante para permitir que ela funcione livremente.

Ou como Susa Morgan Black resumiu para nós: "Um elemento chave na magia é DEIXAR IR".

Descarregar a energia psíquica elevada é importante em todo trabalho mágico e, particularmente, no trabalho com feitiços. Temos testemunhado casos em que isso foi negligenciado e o resultado não foi apenas a frustração da intenção, mas, no nível físico, uma forte dor de cabeça para o praticante!

Susa enfatiza a importância de um estado de espírito literalmente infantil durante o trabalho de feitiço:

> Em suas mentes, as crianças podem fazer qualquer coisa acontecer; e às vezes, aquilo que as crianças brincam, realmente se manifesta em sua vida. Isso já aconteceu comigo muitas e muitas vezes.... Pouco a pouco, somos desencorajados e menosprezados desse estado de espírito, para crescermos. Eu sinto que a magia é um retorno àquele estado maravilhoso de "tudo pode acontecer", e esse estado de espírito é o que buscamos para criar magia. Quanto mais nos aproximamos dessa mentalidade, mais eficazes nossos rituais e feitiços se tornam.

Um feitiço nunca deve se tornar rotina, ou a concentração genuína será impossível - mesmo para crianças. Uma oração também é um feitiço, é claro, pois envolve a visualização clara de um objetivo desejado, além do esforço consciente de explorar a fonte onipresente de poder, seja qual for o nome. Mas qualquer cristão sensato admitiria que as orações diárias podem facilmente se tornar meras fórmulas repetitivas, automáticas e sem vida. A oração de Christopher Robin na hora de dormir é muito típica:

> Deus abençoe a mamãe – eu sei que isto é correto.
> Foi tão divertido no banho esta noite, isto é certo.
> O frio tão frio, e o calor tão quente
> Oh, Deus abençoe papai, eu esqueci completamente!

Feitiço ou oração, Bruxo ou cristão, concentração obstinada é essencial se quiser fazer isso funcionar.

Uma maneira consagrada pelo tempo de fixar a intenção em sua mente é expressá-la em versos. Não precisa ser uma grande poesia - "atirei o pau no gato" serve. John the Sailor usa muito esse método, repetindo uma rima como esta "... até que ela tome minha mente por vontade própria, aumentando assim a concentração, impedindo minha mente de divagar e bloqueando interrupções".

Tomemos alguns exemplos. Suponhamos que você esteja sob ataque psíquico; discutimos os princípios da autodefesa psíquica no capítulo anterior, mas pode ajudar se tiver um método de reafirmar sua defesa "com um gatilho" em momentos ímpares de sua vida ativa, sem ter que interromper e recapitular em sua mente todas as medidas que você tomou. Que tal este *jingle* que pode ser lembrado instantaneamente?

O Escudo da Deusa
Está em minhas mãos
Flechas psíquicas
Não podem me ferir então!

Ou se você trabalhou um feitiço para um emprego para o qual se candidatou e está a caminho da entrevista com aquele frio na barriga que precede a entrada em um palco:

Cabeça limpa, mente fria,
O nervosismo vai embora;
Cabeça clara, olhos aguçados,
Nada me pega de surpresa agora!

Dificilmente isso se tornará um verso imortal, mas soa bem e é fácil de repetir várias vezes até a ideia ser incorporada ao seu subconsciente.

Ou se você preferir algo de um poeta respeitado, que tal *The Curse be Ended*, de T. S. Eliot?

Rodando e rodando o Círculo
Completando o encantamento
Para que o nó seja desfeito
A cruz descruzada
O torto endireitado
E a maldição finalizada.

Christine Best muitas vezes completa um feitiço enrolando um pequeno cordão em volta de seu Athame, enquanto mantém seu propósito em mente, e repetindo várias vezes:

Eu enrolo, eu ato isso,
Seja meu este feitiço!

Ela então mantém seu Athame amarrado em segurança até que o objetivo seja alcançado ou até que ela sinta a necessidade de recarregá-lo. Como o cordão é pequeno, ela pode continuar usando o Athame para outros trabalhos com o cordão ali amarrado naquele lugar, desde que seja necessário.

O ritmo é uma grande ajuda para aumentar o poder - e não apenas o ritmo do verso ou da música. Diana, da Holanda, nos diz: "Quando tenho que enviar energia para alguém ou alguma coisa, uso principalmente a dança e certos gestos, muitas vezes sem palavras".

Se você tem músicos em seu Coven, o acompanhamento musical ao vivo para rituais, incluindo feitiços, pode ser muito útil para estabelecer e manter a atmosfera. Mas cada grupo deve construir uma coleção de músicas gravadas para o trabalho do Círculo. Você pode editar as canções ou repetir temas curtos para preencher todo o comprimento da música e assim por diante.

Para a construção concentrada do poder necessário para o trabalho com feitiços, a música fortemente rítmica pode ser eficaz - particularmente se a própria música se desenvolve à medida que ela transcorre (como o Bolero de Ravel, por exemplo). Uma vez que você conhece a música, pode ser capaz de cronometrar seu trabalho para que o poder seja liberado no momento do clímax musical; isso pode ser feito de maneira dramática, o que é praticamente eficaz.

Exceto para fins específicos, a música com palavras cantadas ou faladas deve ser evitada em geral; pois pode introduzir pensamentos irrelevantes para o trabalho em questão - visivelmente se as palavras forem claras, mas mesmo subconscientemente se não forem.

Um conceito muito útil no trabalho com feitiços é o da forma-pensamento - um tipo especial de visualização. Isso é mais ou menos como aquilo que os psiquiatras chamam de "complexo", um grupo de elementos na psique que se unem para formar o que parece ser uma entidade com vontade própria, mais ou menos independente do indivíduo em questão. Em casos psiquiátricos, é claro, um complexo é tipicamente um mau funcionamento que requer tratamento, mas no trabalho com feitiços, esse "grupo de elementos" pode ser deliberadamente criado para um propósito positivo e mantido sob controle.

Damos aqui um exemplo baseado em nossa própria experiência.

A principal localidade irlandesa para a qual as focas cinzentas vêm todo outono para dar à luz e criar seus filhotes é o grupo de ilhas Inishkea, ao largo do Condado de Mayo.

Em outubro de 1981, alguns pescadores locais, com a desculpa de que as focas estavam prejudicando a indústria do salmão, desembarcaram ali e massacraram centenas de filhotes. Houve um grande clamor público e o massacre foi ilegal de qualquer maneira, já que o abate de focas cuidadosamente controlado, nas raras ocasiões em que é considerado necessário, é assunto para os especialistas do governo.

Voluntários da Federação Irlandesa de Vida Selvagem acamparam na desolada Inishkea nas temporadas de filhotes de 1982 e 1983, para evitar uma repetição. Nosso Coven queria se juntar a eles, mas isso não foi possível, então ajudamos do nosso jeito.

Em novembro de 1981, nós nos reunimos e imaginamos uma forma-pensamento que chamamos de *Mara* (gaélico para "que vem do mar"). Janet pintou um retrato dela (veja a ilustração 18 em *The Witches' Way*), para que todos pudéssemos concordar com sua aparência. Em outras palavras, pela visualização de grupo concentrada, criamos um "complexo" de elementos de todas as nossas psiques. Tendo feito isso, nós a instruímos - porque visualizamos Mara como uma personalidade distinta. Dissemos a ela: "Você se manifestará visualmente e assustará qualquer um que tente prejudicar as focas nas ilhas Inishkea ou perto delas. Você não fará mal a ninguém a menos que persistam e não haja outra maneira de detê-los".

Ao longo do ano seguinte, recarregamos a egrégora de Mara e repetimos suas instruções a cada lua cheia.

O massacre não se repetiu. Um cético poderia ser perdoado por dizer que foram os voluntários da IWF[1] e a opinião pública que alcançaram isso e que nossos esforços eram meramente uma autoilusão bem-intencionada –, mas de toda forma foi um desenvolvimento interessante. Parece que Mara obedeceu a suas instruções tanto em espírito quanto literalmente.

Após a temporada de filhotes de 1983, estávamos conversando com um casal que estava levando suprimentos para os voluntários Inishkea, em um pequeno barco, com muito mau tempo. Eles tentaram pousar em um ponto, mas foram rejeitados veementemente por uma mulher parada na praia. Eles aportaram em segurança mais adiante, onde foram informados de que:

---

1. Sigla para Federação Irlandesa de Vida Selvagem.

(a) se tivessem tentado aportar no primeiro ponto, teriam acabado em uma rocha perigosa e (b) não havia como qualquer humano estar lá. Mesmo assim, os voluntários não ficaram surpresos. A mesma "mulher" foi vista por várias pessoas caminhando entre as focas, que deveriam ter se esquivado dela, mas não o fizeram. As pessoas a chamavam de "o Fantasma".

O casal não sabia nada sobre nossos feitiços até depois de nos contar tudo isso e depois de descrever a aparência física do "Fantasma" – que combinava exatamente com a de Mara.

No momento da impressão deste livro, o pior desastre de derramamento de óleo da história americana atingiu o Golfo do Alasca, ameaçando os animais e pássaros de mil milhas quadradas de oceano. Outro trabalho para Mara, sentíamos; então realizamos um Círculo de emergência, chamamos ela de volta, passamos nossas instruções e a enviamos para ajudar.

Cito aqui exemplo de escolha cuidadosa do simbolismo apropriado. Montamos o altar no Oeste, no quadrante da Água, e quase exatamente na direção do Alasca. As formas das divindades escolhidas foram o Deus do Mar irlandês/manx Manannan Mac Lir (tradicionalmente um ancestral da família da mãe de Janet, os Craddocks) e a grega Tétis. E a música foi *O'cean* do flautista Larkin, que podemos recomendar fortemente como uma música de Círculo para uma ocasião com a água.

Kevin e Ingrid Carlyon, de Sussex, usaram uma forma--pensamento semelhante em outro contexto animal. Kevin nos diz:

> Nosso amigo Jack, proprietário de alguns acres em Romney Marsh, em Kent, perguntou se poderíamos lançar um feitiço para livrar sua terra das raposas; elas estavam atacando suas ovelhas e causando muitos problemas.
>
> Visitamos a pequena propriedade e fizemos um grande círculo de flores, colocamos nosso altar no Norte e realizamos uma cerimônia de meia hora na qual deixamos uma forma-pensamento na área. Isto visava raposas e outros animais predadores, como estabelecido em nossas palavras no simples feitiço que fizemos para a ocasião.
>
> Jack nos contatou algumas semanas depois, para nos informar que as raposas não haviam retornado e ele não teve problemas desde então.

Formas-pensamento, como Círculos ou imagens de cera, nunca devem ser deixadas para trás uma vez que seu propósito seja cumprido. Elas devem ser agradecidas por seu trabalho e então ritualmente dissolvidas, e seus elementos conscientemente reabsorvidos pelos membros do grupo que deram sua contribuição.

Não há objeção em tirar vantagem de uma forma-pensamento que já existe. Personagens fictícios populares são muitas vezes construídos em tais formas-pensamento, e se um deles é apropriado para o objetivo de um feitiço, fazer uso dele é tão legítimo quanto invocar uma antiga entidade mitológica ou forma divina, que afinal eram construídas da mesma maneira. Ambos são âncoras humanas para um aspecto da realidade, carregados de poder ao serem visualizados e despertados por milhares ou milhões de pessoas.

Um exemplo moderno será encontrado no capítulo 15 do livro de Elizabeth St. George, *The Casebook of a Working Occultist*. Ela conta, em seu estilo excepcionalmente exuberante, como foi convidada não oficialmente por um amigo da Embaixada Americana para ajudar quando a nave lunar Apollo 13 estava com sérios problemas. Uma forma-pensamento apropriada era necessária; e quem melhor do que o Sr. Spock de Star Trek?

Então Elizabeth o convocou, persuadiu-o a trabalhar no computador defeituoso da Apollo... e o computador voltou a funcionar corretamente, para perplexidade de todos. De acordo com Elizabeth, um dos astronautas realmente viu o Sr. Spock no trabalho e pensou que estava alucinando por falta de oxigênio!

A regra sobre a dispersão de uma forma-pensamento uma vez que o objetivo é alcançado obviamente não se aplica no caso de tais formas-pensamento de "propriedade pública", mesmo se isso fosse possível. (Quem poderia dispersar o Sr. Spock?) A diferença é a mesma entre um livro que você mesmo escreveu e um que pegou emprestado de uma biblioteca. Mas a forma-pensamento deve pelo menos ser agradecida. Elizabeth agradeceu meticulosamente ao Sr. Spock e aos Poderes que invocou através dele. O Sr. Spock respondeu: "Acho que isso é lógico".

Uma forma muito popular de trabalhar com feitiços, seja solitariamente, seja em grupo, é com a Magia de Cordas. As cordas são um foco de concentração, reforçadas pela ação física de usá-las; e sua cor pode ser escolhida para o propósito em mente (veja o final deste capítulo para os significados das cores).

As cordas mais práticas são as do tipo trançadas, com cerca de 0,65 cm de espessura; e o comprimento tradicional é de nove pés, ou seja, 1,75 m. Todo Coven deveria ter uma coleção delas, de cores diferentes. É uma boa ideia amarrar as pontas das cordas com fio da mesma cor, para evitar que se desfiem.

Na forma mais comum de Magia com cordas em grupo, o Coven fica virado para dentro em um Círculo, com parceiros de trabalho frente a frente um do outro. As cordas são esticadas ao longo do Círculo, cada uma com um homem segurando uma ponta e uma mulher a outra. Se os números forem desiguais, uma mulher ou um homem pode segurar duas pontas de fio. Se os sexos não estiverem equilibrados em número, um cordão pode ter que ter o mesmo sexo em cada extremidade, caso em que um deve invocar silenciosamente o Deus e o outro a Deusa, por acordo entre eles ou por decisão da Alta Sacerdotisa, antes de começar.

As cordas são enroladas umas sobre as outras uma vez no centro, para dar um único ponto focal para que todos possam se concentrar.

Quando tudo estiver pronto e as cordas bem esticadas, o Coven pode trabalhar tanto para um único desejo quanto para desejos individuais.

Se for um único desejo, a Alta Sacerdotisa o nomeia, dando um nó ao fazê-lo. Então, cada membro por sua vez, em sentido horário, repete o desejo e dá um nó. Quando todos tiverem falado, a Alta Sacerdotisa condensa o desejo em uma única palavra-chave ou frase muito curta. Isso é repetido, girando e girando ao redor do Círculo, cada vez mais rápido para aumentar o poder, até que a Alta Sacerdotisa diga "Solte!" e todos soltam os fios de uma vez.

E se os desejos são individuais, eles são nomeados um a um, em sentido horário, e todos dão um nó para cada desejo, reforçando-o mentalmente. Novamente, os desejos podem ser concentrados em uma única palavra ou frase curta e repetidos cada vez mais rápido, em sentido horário, até o comando "Solte!".

Uma alternativa poderosa para a repetição acelerada é que todos fiquem de pé após a primeira rodada de declarações e, em seguida, ainda segurando as cordas, movam-se cada vez mais rápido, no sentido horário, para que as cordas girem como os raios de uma roda até que o "Solte!" seja ordenado.

Após qualquer um desses métodos, as cordas são recolhidas e colocadas no altar. Os nós não são desatados até pouco antes da próxima reunião do Coven.

Uma parceria de trabalho, ou praticantes solitários, podem realizar suas próprias versões simplificadas dessa Magia de Corda. Um feitiço de corda que encontramos de várias fontes consiste em um casal, ou operador solo, declarar o desejo e depois amarrar nove nós em um cordão dizendo o seguinte verso:

> Pelo primeiro nó que eu estou dando, o feitiço está começando.
> Pelo segundo nó que eu dou, o feitiço começou.
> Pelo terceiro nó dado, meu desejo está atado.
> Pelo quarto nó feito, o que desejo é meu por direito.
> Pelo quinto nó realizado, o meu sonho está plantado.
> Pelo sexto nó que eu vou dar, minha vontade vai se fixar.
> Pelo sétimo nó que eu faço, que conspire todo espaço.
> Pelo oitavo nó que eu estou fazendo, o destino está tecendo.
> Pelo nono nó que eu atei, meu desejo conquistei!

Em um interessante exemplo folclórico de Magia de cordas com nós, novamente envolvendo o número nove, costumava ser comum colocar no pescoço de um bebê recém-nascido um colar de nove fios de seda escarlate, atados em intervalos, e deixá-lo lá até a dentição se completar com segurança.

Algumas pessoas (e a maioria delas algumas vezes) não encontram nenhuma necessidade de adereços materiais. John the Sailor, nos diz:

> Se há algo que eu realmente desejo, eu me concentro nessa vontade até que a intensidade dela se torne quase dolorosa demais para suportar; em seguida, solto-a, isso sempre se torna realidade. Funciona perfeitamente bem sem adereços e truques. Velas, cartas, espelhos pretos, etc. são coisas bonitas, mas não são necessárias. Da mesma forma, elas não são eficazes por si mesmas. Várias lojas de suprimentos ocultos se saíram muito

> bem ao fornecer kits de feitiços para pessoas ingênuas que podem ser levadas a pensar que, se comprarem um pacote de parafernália misteriosa adequado, isso as ajudará a alcançar o desejo de seu coração. Pessoalmente, descobri que se o desejo for verdadeiro, os adereços não são necessários; e se o desejo não for verdadeiro, nenhuma quantidade de adereços o fará sê-lo.

Ele admite que "não sou particularmente purista a esse respeito"; e às vezes faz feitiços só por diversão, com adereços e tudo mais - "Isso é lindo, mas não é necessário".

Por outro lado, há muitas pessoas para quem a visualização é difícil e que acham que "adereços" - ou seja, objetos simbolicamente apropriados - ajudam a tornar a tarefa mais fácil. Essas pessoas não são necessariamente Bruxas menores. Elen J. Williams pergunta:

> Posso fazer um apelo em nome daqueles que não conseguem visualizar? Eles ficam muito desanimados sempre que os livros parecem sugerir que a visualização vívida é fácil e essencial para um trabalho mágico bem-sucedido. Parece-me que os não visualizadores muitas vezes podem formular os objetivos com bastante clareza por outros meios, e são muito eficazes em aumentar e dirigir o poder.

Usar adereços ou não é uma questão de escolha pessoal; a coisa a lembrar é que os adereços podem ser úteis como auxiliares de visualização e concentração se você assim acreditar (o que não há nada para se envergonhar), mas eles não têm poderes independentes em si mesmos. Como John aponta, comprar um "kit de feitiços" na crença de que ele fará o trabalho para você, é admitir estar sendo enganado.

No entanto, a frase "não tem poder em si" precisa de explicação. A "contraparte astral" de um objeto físico pode ser carregada com tal poder. Um Athame, por exemplo, tendo sido consagrado e usado para trabalhos mágicos por alguém, por anos talvez, é definitivamente excessivamente carregado. É esta contraparte astral que se encontra durante a psicometria - por exemplo, sentindo a história e as associações de uma peça de joalheria pessoal, na qual alguns sensitivos são muito hábeis e precisos. Portanto, quaisquer que sejam os objetos físicos usados na execução de feitiços, deve-se considerar se a carga que eles carregam vai ajudar ou atrapalhar o objetivo. No trabalho de cura com uma pessoa ausente, por exemplo, algum objeto intimamente ligado ao paciente pode fornecer um vínculo eficaz.

Nem sempre é fácil distinguir o efeito psíquico de tais objetos do psicológico; mas a distinção geralmente é apenas de interesse acadêmico, uma vez que as duas se sobrepõem e interagem.

Substâncias cristalinas têm uma reputação particular de absorver e emitir influências psíquicas; é como se a estrutura matematicamente elegante de suas moléculas os tornasse ressonantes a frequências vibracionais precisas - não apenas as do nível físico, mas também aos que são popularmente (mas com mais precisão do que os cínicos podem perceber) conhecidos como "vibrações" em outros níveis. (Isso vale, obviamente, para a música usada no Círculo.)

Os cristais, desde o quartzo comum até as pedras preciosas, são amplamente utilizados na cura psíquica para esse motivo, e livros inteiros foram escritos sobre o assunto. (Ver Bibliografia sob Bhattacharyya, Crow, Fernie, Heaps e Sturzaker.) Mas a substância cristalina que nos interessa especialmente em nosso contexto atual é o sal - a única substância natural homogênea, além dos quatro "elementos" naturais do Ar, Fogo, Água e Terra, que está fisicamente presente em todos os Círculos de Bruxas, como também nos Círculos dos Magos Cerimonial e no laboratório de um alquimista.

O sal, sendo ele próprio incorruptível e o único conservante de carne nos séculos anteriores à refrigeração, tem sido usado há muito tempo no trabalho mágico como purificador e protetor psíquico. Suas propriedades absorventes e radiantes são reconhecidas na bênção ritual por Bruxas e Magos. Há boas razões para acreditar que sua reputação psíquica é justificada; mas aceitando ou não isso, suas associações psicológicas o torna um excelente foco para os aspectos purificadores e protetores.

Se adereços, ferramentas e símbolos devem ser usados (psicologicamente, psiquicamente ou ambos), é essencial ter o significado de cada um claro em sua mente, como acabamos de tentar fazer com o sal. O que nos leva, primeiro, aos quatro "elementos" que acabamos de mencionar.

Colocamos a palavra "elementos" entre aspas para enfatizar um ponto. Bruxas e Magos não são pré-científicos em sua compreensão do mundo. Eles sabem perfeitamente que a matéria pode ser classificada nos mais de cem elementos da tabela periódica. Quando eles usam a palavra "elementos" em um contexto mágico (podemos deixar de lado as aspas de agora em diante, pois estamos falando nesse contexto), eles se referem aos quatro aspectos que caracterizam a manifestação e a atividade em todos os níveis. Quando alguém está trabalhando com feitiços, a natureza do objetivo deve determinar em quais ferramentas e símbolos devemos nos concentrar, e os elementos são básicos para isso.

Os quatro elementos - Ar, Fogo, Água e Terra - são muitas vezes resumidos em inglês como os quatro *Ls* - *Life, Light, Love* e *Law*, o que significa Vida, Luz, Amor e Lei, respectivamente.

Ar representa a Vida, o princípio da mente, a inteligência, o lado esquerdo do cérebro, além de faculdade linear-lógica, criatividade e cura de distúrbios funcionais. Representa a fertilização no sentido inspirador. Sua polaridade tende a enfatizar o aspecto masculino, o Deus. Seus seres elementais são conhecidos como "as sílfides". Magos rituais e cabalistas nomeiam seu guardião como "Rafael". As ferramentas do Círculo que o simbolizam são o incenso e o Bastão. Sua cor tradicional é o azul. Seu quadrante é o Leste, a direção do alvorecer do dia.

Fogo representa Luz, energia, impulso, potência, fertilização no sentido orgânico e energizante, desejo, cura de desordens orgânicas, destruição daquele que é desgastado ou negativo. Sua polaridade tende a enfatizar o aspecto do Deus. Seus seres elementais são conhecidos como "salamandras". Seu guardião é Michael. Suas ferramentas no Círculo são a Espada, o Athame e as velas. Sua cor tradicional é o vermelho. Seu quadrante é o Sul, na direção do Sol do meio-dia.

ÁGUA representa o Amor, as relações, o lado direito do cérebro, a função intuitiva, o ciclo de morte e renascimento (e, portanto, de iniciação), a Natureza em seu aspecto de crescimento cíclico, o útero formador e o seio nutridor; assim, sua polaridade tende a enfatizar o aspecto da Deusa. Seus seres e elementais são conhecidos como "ondinas". Seu guardião é Gabriel. Suas ferramentas no Círculo são o Cálice e o Caldeirão. Sua cor tradicional é o verde. Seu quadrante é o Oeste, a direção das brumas da noite e do descanso restaurador.

TERRA representa a Lei, a solidez, a confiabilidade, o reconhecimento da ordem inescapável das coisas, a Natureza em seu aspecto de permanência. Sua polaridade tende a enfatizar o aspecto da Deusa. Seus seres elementais são conhecidos como "gnomos". Seu guardião é Auriel. Sua ferramenta no Círculo é o Pentáculo. Suas cores tradicionais são o amarelo ou o marrom. Seu quadrante é o Norte, a direção da noite, quando se vê a imensidão do Cosmos ordenado.

(Será percebido que, na cruz equilibrada de braços iguais do Círculo, os aspectos do Deus e da Deusa se opõem; mas também deve ser lembrado que esses aspectos do Deus e da Deusa que sugerimos são uma questão de ênfase, não de monopólio. Há também funções abundantes de Deusas do Ar e do Fogo e de Deuses da Água e da Terra.)

Há duas variações acerca disso. A atribuição da Espada e do Athame ao Fogo, e do Bastão ao Ar, é a tradição que nós e muitos outros favorecemos – e, francamente, achamos que está de acordo com a natureza e função dessas ferramentas. Mas outros seguem a atribuição da Golden Dawn: Espada/Ar, Bastão/Fogo. O que importa é que você deve tomar sua própria decisão e cumpri-la; e se estiver operando em um grupo, certifique-se de que todos os membros saibam dela.

A outra variação diz respeito ao Hemisfério Sul, em particular à Austrália e à Nova Zelândia, para onde emigraram as tradições mágicas europeias e onde a Arte está ativa e crescendo. Também aí há diferenças de prática. Alguns grupos mantêm as tradições europeias importadas, mas outros sustentam que, como seu Sol viaja do Leste para o Norte a Oeste, os quadrantes da Terra e do Fogo deveriam ser invertidos ao costume europeu; o altar Wiccaniano deveria estar no Sul; o Círculo lançado em sentido contrário (isto é, no sentido do Sol em suas latitudes); os rituais sazonais movidos por seis meses e assim por diante. Concordamos com os revisores. O simbolismo ritual deve estar relacionado ao seu ambiente real, não necessariamente às autoridades literárias europeias em sua estante.

Retornemos ao uso do simbolismo elemental no trabalho dos feitiços. Um exemplo de seu valor especial é quando o que realmente precisa ser trabalhado não é tanto o problema de uma pessoa, mas a própria pessoa. Quase sempre a abordagem necessária pode ser diagnosticada de forma elemental - por exemplo, um temperamento explosivo (excesso de Fogo); senso inadequado de realidade (fraqueza da Terra e/ou do Ar); possessividade sufocante (Água distorcida) e assim por diante. O objetivo do feitiço pode assim ser definido e o simbolismo apropriado escolhido para restaurar o equilíbrio.

Óleos, perfumes e incensos podem desempenhar um papel poderoso na criação da atmosfera apropriada para um feitiço.

Um livro útil para receitas de óleo é *The Witch's Formulary and Spellbook,* de Tarostar, que dá vinte páginas deles - tudo, desde Óleo do Êxodo (para se livrar de uma pessoa indesejada) ao Óleo de Atração de Dinheiro, Óleo para Abertura de Caminhos e óleos para cada um dos signos zodiacais e planetas.

Os livros de Tarostar (ver Bibliografia) contêm feitiços malignos e justificáveis e sofrem de um mau uso desajeitado da linguagem arcaica ("tomar" e "misturar" como imperativos, por exemplo); mas eles incluem algumas fórmulas interessantes (incluindo meia dúzia de "lavagens ocultas para o chão"), muita magia popular de Nova Orleans e alguns feitiços possíveis de serem feitos e outros questionáveis.

Talvez o exemplo mais conhecido de um objeto material sendo usado em feitiços e deliberadamente carregado de poder psíquico (e psicológico) seja a imagem de cera.

Na verdade, é claro, a imagem pode ser feita de qualquer material, embora "imagem de cera" tenha se tornado seu nome popular, geralmente com implicações sinistras de cravar alfinetes nelas. Mas pode ser, e muitas vezes é, usada para propósitos positivos; como na cura e na ação preventiva de um feitiço de contenção (ver Capítulo XIX). Também é chamada de "boneco" ou "simulacro".

Quanto aos materiais: no trabalho mágico, quanto mais naturais forem (sejam orgânicos, sejam minerais), melhor. A cera de abelha, por exemplo, é preferível à cera de sebo. Lã, algodão e seda são muito melhores do que materiais sintéticos como o náilon, porque, por mais úteis e bonitos que sejam, estão muito distantes de suas origens naturais para manter uma carga psíquica de forma eficaz.

Mas voltando à imagem, seu propósito é: (a) fornecer uma ligação psíquica com a pessoa que está sendo trabalhada, e (b) ajudar na visualização do objetivo.

A identificação e visualização deve começar com a confecção da imagem. Uma maneira eficaz de arranjar isso é fazer um boneco de tecido, expressando seu objetivo (ou uma palavra-chave como resumo dele) a cada ponto dado. Os bonecos fabricadas comercialmente têm a desvantagem de que a maioria deles é feito em grande parte de material sintético; embora as bonecas das crianças possam ficar tão carregadas com os sentimentos dos donos sobre elas que, mesmo que sejam feitas inteiramente de produtos sintéticos, uma poderosa forma-pensamento, em vez de uma contraparte astral, é estabelecida.

Independentemente da forma como a imagem é feita, ela deve, se possível, incorporar algo da pessoa em questão – desde cabelo ou unhas cortadas até uma fotografia de seu rosto na frente da cabeça. A identificação é o que importa, não a estética.

A criação de imagens para cura deve ser feita preferencialmente enquanto a Lua está na fase crescente ou cheia, e para um feitiço de contenção, enquanto está minguante ou nova. Você também pode fazer uso dos dias e horas planetários apropriados; para isto consulte o Apêndice 1.

Embora as Bruxas solitárias possam fazer e usar imagens com sucesso, idealmente elas devem ser criadas a partir de parceiros de trabalho homem e mulher, com ou sem a ajuda do

Coven. O método tradicional é chamado de "parto", encenando um ritual dramatizado dentro de um Círculo Mágico, no qual a mulher dá à luz a uma imagem com a ajuda do homem como impregnador e "parteiro". Este ritual pode ser tão vívido ou simbólico quanto seu relacionamento real e o senso do que é aceitável ditar. Mas seja como for, deve ser com a máxima concentração, força de vontade e visualização do objetivo.

Antes do nascimento, a imagem é levada ao altar, onde o casal a borrifa com água e sal consagrados, dizendo: "Nós te nomeamos –, em nome de Cernunnos e Aradia" (ou qualquer que seja a forma do Deus e da Deusa que usarem). Após o parto, o homem leva a imagem novamente ao altar e faz o Pentagrama de Invocação da Terra à sua frente (ver Figura 2).

Fig. 2 – Pentagrama de Invocação

Então o casal – e todos os membros do Coven que estiverem presentes –, por sua vez pega a imagem e conversa com ela, reafirmando sua identidade e repetindo o objetivo do trabalho.

Por fim, ela é envolta em pano e amarrada com cordão de cor apropriada (veja o final deste capítulo) e colocada em um local seguro. A imagem deve ser retirada de seu esconderijo de tempos em tempos e o objetivo deve ser reforçado, até que esse seja finalmente alcançado.

Um último ponto. Quando o objetivo for alcançado ou o período de trabalho terminar, nenhuma imagem identificada com uma pessoa deve permanecer. Ela deve ser quebrada em pedaços, que são levados à água que flui naturalmente e jogados nela, com a instrução: "Retorne aos elementos dos quais você veio".

A tradição judaica, a propósito, também incluía feitiços de imagem, mas apenas para um propósito - a recuperação de propriedade roubada. Os judeus acreditavam que cada pessoa ou animal tinha um "representante angélico" designado a si. Alfinetava-se uma imagem não para afetar outra pessoa diretamente, mas para informar seu próprio representante angélico do roubo e invocar sua ajuda para recuperar sua propriedade. Seu representante - que saberia quem era o ladrão - informaria então ao representante angélico do ladrão, que passaria a dor da alfinetada para o meliante que por sua vez seria então obrigado a devolver o que havia roubado.

Até a Igreja Católica costumava usar imagens de cera - no caso delas, para exorcismo. Se alguém acreditasse estar possuído por um demônio, o sacerdote faria uma imagem de cera do demônio, nomearia e moldaria essa imagem e depois a queimaria, recitando versos adequados do Apocalipse. À medida que a imagem queimava, o demônio deixava o corpo de sua vítima.

"Correspondências" é a palavra usada para objetos, criaturas, substâncias, plantas, formas divinas, conceitos de qualidade e assim por diante, que têm afinidade psíquica entre si. Um estudo de correspondências é, portanto, muito útil no planejamento de um ritual de trabalho de feitiços para que tudo - acessórios, formas de divindades invocadas, incenso, mantos se houver, cores, etc. - possa estar em sintonia com a operação e contribuir para seu poder.

De longe, o melhor e mais amplamente aceito compêndio de correspondências é o livro *777, de Aleister Crowley*. Ele cobre tudo, desde Tarô, animais, plantas e tabelas cabalísticas, até as formas de divindades de vários panteões.

Simplesmente não há espaço aqui para entrar no assunto, porque não se saberia onde parar. (Embora uma série de correspondências pode ser encontrada na tabela de *Sephiroth* da Árvore da Vida que damos no final do Capítulo VIII). Mas duas coisas que tendem a entrar até mesmo no mais simples trabalho de feitiço são as cores - por exemplo, de mantos e velas - e os números. Então talvez como complemento deste capítulo essas listas do simbolismo tradicional das várias cores e dos números básicos sejam úteis.

CORES

Branco: pureza, inocência, expansão, trabalho para crianças; *Kether* na Árvore da Vida.

Preto: restrição, limitação, vinculação, sigilo; Saturno; *Binah* na Árvore da Vida. (O preto não é sinistro em si mesmo; como ausência de cor, ele absorve todas as cores, e alguns acham que uma túnica preta, por exemplo, torna mais fácil absorver em si mesmo o poder e a visualização que está sendo construída.)

Ouro, amarelo: atividade, criatividade; Magia Solar; o Deus Sol; *Tiphareth* na Árvore; em alguns sistemas, o amarelo é a cor da Terra. Peter Redgrove, coautor de *The Wise Wound*, nos diz que as crianças ainda não nascidas podem sentir a luz dourada, o que a torna uma cor apropriada ao trabalhar para uma mulher grávida.

Prata: Magia da Lua; a Deusa da Lua; a Deusa em seu inverno, aspecto de vida em morte.

Vermelho fogo: energia, vigor; desejo, paixão; cura orgânica; Marte; *Geburah* na Árvore da Vida; o princípio masculino, elétrico.

Laranja: intelecto, liderança; comunicação; viagem; Mercúrio; *Hod* na Árvore da Vida.

Verde: natureza e sua fertilidade; harmonia, equilíbrio; a Deusa em seu aspecto verão, morte em vida; Água; emoção, instinto, intuição; Vênus/ Afrodite; *Netzach* na Árvore da Vida.

Azul: amor, sinceridade, lealdade; a Deusa do Céu; Ar; cicatrização funcional; sabedoria, justiça, organização, administração; Júpiter; *Chesed* na Árvore da Vida; o princípio feminino, magnético.

Violeta: tranquilidade; o Princípio Akáshico; o Plano Astral; *Yesod* na Árvore da Vida; em alguns sistemas, a cor do Espírito.

Marrom: concentração, absorção de conhecimento, comunicação intuitiva. Preferida por alguns ao amarelo como a cor da Terra.

NÚMEROS

Existem realmente dois conjuntos de interpretações dos números de 1 a 10: primeiro o que podemos chamar de "tradicionais", listados a seguir, e segundo os cabalísticos; estes correspondem aos significados das dez *Sephiroth* da Árvore da Vida, de Kether (1) a *Malkuth* (10).

As duas abordagens diferem um pouco - por exemplo, nas interpretações tradicionais, os números ímpares tendem a ser considerados masculinos e os pares femininos, o que entraria em conflito com os significados cabalísticos. Então, se você estiver trabalhando com feitiços com simbologia cabalística, consulte o Capítulo VIII para os significados numerológicos apropriados.

1 Unidade. A fonte fundamental. Força. Pureza. O Ego.

2 Polaridade e a Magia operada por ela. Relacionamento. Cooperação.

3 Divindade - por exemplo, a Trindade, a Deusa Tríplice. As artes. A família (pai, mãe, filho).

4 Equilíbrio. Solidariedade. Lei. A integração do Céu e da Terra. Os quatro elementos. Os pontos cardeais, orientando e fixando o Círculo. Organização. Realização prática.

5 Os quatro elementos equilibrados e governados pelo Espírito. Vida. Criatividade. Expansão. Exploração.

6 O ponto focal do equilíbrio. O Hexagrama. O princípio de "Como acima, é abaixo". Interação frutífera dos níveis. Feito em casa. Casado. Cooperação.

7 Magia. Psiquismo. Frequentemente encontrado no folclore - por exemplo, as habilidades atribuídas ao sétimo filho de um sétimo filho. O centro imóvel na tempestade. Tempo e espaço, duração, distância.

8 Liderança no sentido organizacional. O processo anabólico/catabólico.

9 Inspiração. Liderança no sentido comunitário, compassivo e filantrópico. Cura. Humor. Regeneração.

10 Completude. Cumprimento. Manifestação multiforme. (10 não aparece muito por si só na numerologia tradicional, sendo considerado como 1 + 0 e, portanto, uma reafirmação de 1. É, no entanto, importante independentemente do cabalismo.)

13 Deve ser mencionado ao lado do 1 a 10, porque aparece com muita frequência no folclore. Geralmente considerado como azarado nas culturas cristãs, talvez em parte porque Judas era o décimo terceiro na equipe de Jesus e seus discípulos, e em parte pelo temor supersticioso do significado mágico original do número, que parece ter sido zodiacal - os doze aspectos em equilíbrio, além do líder Solar. Jesus e seus discípulos, Robin Hood e seus homens, Arthur e seus cavaleiros, Rômulo e seus lictores, o herói dinamarquês Hrolf e seus *berserks* são apenas alguns exemplos desse padrão muito frequente. É interessante que muitos tenham uma figura lunar ligada a eles - Maria, Lady Marian, Morgana/Guinevere e assim por diante; mas eles ainda são considerados como treze. (Interessante, também, como a letra M da mãe continua surgindo). Treze, claro, é o número tradicional de um Coven de Bruxos. Mas nos perguntamos se esse era um costume genuíno entre as Bruxas medievais ou imposto a elas pela mitologia da perseguição, simplesmente porque o número passou a ser considerado sinistro.

VII
MAGIA SEXUAL

A elevação do poder psíquico é, como vimos, um dos fundamentos do trabalho com os feitiços. Um objetivo entendido com precisão e uma visualização clara compõem o circuito que montamos. Com a elevação do nosso poder, conectamos esse circuito à fonte para que ele possa fazer seu trabalho.

Uma das fontes de poder disponíveis para esse fim é o sexo. Qualquer emoção forte produz uma esfera incandescente no Plano Astral. Nos períodos mais sombrios da história e em algumas esquinas doentias hoje em dia, a agonia de vítimas de sacrifício (sejam animais ou humanos) tem sido usada como uma fonte de poder mágico, com esta esfera incandescente explodindo no clímax da morte.

O sentimento e a atividade erótica geram da mesma forma a mais brilhante esfera de fogo astral (com sua explosão no clímax do orgasmo) que pode ser legitimamente atrelada a uma operação mágica.

Legitimamente, mas com ressalvas. Isto pode ser resumido de forma bastante simples. Magia sexual sem amor é Magia negativa. A Magia sexual deve ser usada apenas por um casal para quem o sexo é uma parte normal de seu relacionamento amoroso – em outras palavras, por um marido e uma esposa ou amantes estabelecidos – e sempre em particular. E deve ser usada dentro de um Círculo Mágico, mesmo que tenha sido "apenas" lançado mentalmente ao redor da cama.

Essas regras não são mera moralidade convencional. Elas são baseadas no fato de que a Magia e o trabalho com feitiços envolvem a realidade de vários níveis.

A relação sexual entre um casal que se ama genuinamente ativa todos os níveis simultaneamente, do físico ao espiritual. Portanto, quando tal casal usa Magia sexual, seu acasalamento potencializa a intenção do feitiço em todos esses níveis, não deixando pontas soltas ou áreas vulneráveis – o que é mais eficaz e seguro. Além disso, sua profunda sintonia mútua significa que sua compreensão da intenção e sua visualização serão mais completamente harmonizadas.

O sexo casual, por outro lado, envolve apenas os níveis físico e astral (geralmente apenas o astral inferior). Esses níveis não são necessariamente "imorais" – mas tendem a ser amorais, seguindo seus instintos independentemente de quaisquer consequências que não sejam a gratificação imediata desses instintos. E no trabalho de feitiços, isso deixa muitas brechas.

Às vezes, Bruxos bem-intencionados, que são amigos, mas não têm um relacionamento sexual comprometido, podem pensar que a Magia sexual acordada entre eles é justificada como um meio para um fim mágico legítimo. Infelizmente, isso ainda deixará as mesmas brechas – e traz perigos para os dois. Na elevada atmosfera mágica do trabalho com feitiços, particularmente dentro de um Círculo Mágico, a intensidade da relação sexual pode desencadear reações em outros níveis para os quais eles não estão preparados. Isso pode ser ainda mais provável quanto mais bem-intencionados eles forem e quanto mais seriamente levarem o objetivo para o qual estão trabalhando. Na pior das hipóteses, um pode ser afetado mais profundamente do que o outro, criando problemas para sua amizade após o término do trabalho.

Outra armadilha em que caem algumas pessoas bem--intencionadas é a tentativa de uso da Magia tântrica com conhecimento ou compreensão totalmente inadequados desse caminho. Tantra é um sistema ocultista oriental que utiliza a energia sexual para o desenvolvimento espiritual, no qual os participantes assumem as formas de um Deus e uma Deusa. É um sistema complexo e sutil, estranho à mente ocidental e muito eficaz quando bem praticado. Se você quiser ter uma ideia dessa complexidade, sugerimos que leia *The Tantric Tradition*, de Agehananda Bharati (ver Bibliografia). Mas o mero estudo de um livro não é suficiente; a menos que você possa aprendê-lo com um professor genuíno - de preferência oriental - é melhor deixá-lo de lado.

Lamentavelmente, deve-se acrescentar que existem grupos que não podem ser chamados de bem-intencionados; grupos à margem do movimento Pagão, ocultista e da Bruxaria que usam esse movimento para desculpar a promiscuidade sexual por diversão - mesmo envolvendo menores de idade. Eles são uma pequena minoria e não são de forma alguma genuínos Pagãos, Ocultistas ou Bruxos; mas fornecem munição bem-vinda para aqueles propagandistas fanáticos, tanto religiosos quanto políticos, que querem apresentá-los como típicos do todo e encorajar a perseguição e até mesmo a legislação contra o movimento. A mídia sensacionalista cai nesse truque, como bem sabem os Bruxos e ocultistas convencionais.

Isso pode parecer uma digressão, mas precisa ser dito, porque, no final dos anos 1980, a campanha de caça às Bruxas na Grã-Bretanha e nos Estados Unidos se intensificou e se tornou mais deliberada e sem escrúpulos. Isto tem de ser combatido declarando os princípios do movimento oficial de forma clara e pública - incluindo o fato de que a promiscuidade sexual, e certamente o abuso de menores, é oposto aos princípios da Bruxaria. Caso contrário, poderíamos ser enterrados vivos, que é exatamente o que a maioria gostaria de ver acontecendo.

Basicamente, o "homo/femina sapiens" não é uma espécie promíscua, mas, sim, de pares - como outros mamíferos, da mesma forma que gorilas, texugos e lobos, e quase todas as aves. (O coloquialismo "lobo" para um homem decididamente promíscuo é uma calúnia grosseira para aquela espécie, como qualquer zoólogo pode confirmar! Mesmo nas sociedades poligâmicas humanas ou animais (e as raras sociedades humanas poliândricas, como em partes do Himalaia onde os homens são sazonalmente móveis e as mulheres fixas), a mesma ênfase na permanência e na continuidade é evidente.

Como o ocultismo e a Bruxaria postulam descobrir nossa verdadeira natureza e desenvolvê-la, vale a pena ter em mente essa característica básica de nossa espécie.

Chega de falar sobre a dimensão moral, que já deve estar clara, e voltemos à Magia sexual em si.

Existem duas formas de trabalho mágico baseadas no masculino-feminino, que passamos a chamar de "Magia de Gênero" e "Magia Sexual".

Elemento básico da maioria dos Covens de Bruxaria, a Magia de Gênero utiliza a polaridade criativa essencial de homem e mulher, cada um contribuindo com sua ênfase baseada em gênero como um canal para os princípios do Deus e da Deusa, que encaram homem e mulher como sendo terminais complementares da bateria mágica que permite que a corrente, o poder mágico, flua efetivamente. De certa forma, é como a dança de salão, na medida em que não precisa ser "sexual" no sentido estrito; irmão e irmã, mãe e filho ou pai e filha podem trabalhar como parceiros mágicos com a mesma inocência e eficácia com a qual dançam na pista de dança.

A Magia Sexual, por outro lado, envolve a relação sexual, ou desejo erótico mútuo antes da relação sexual, como fonte de poder mágico.

Essas duas abordagens são tipificadas nas duas versões do sagrado ritual Wiccaniano, o Grande Rito (veja nosso livro *Oito Sabbats para Bruxas*, pp. 48-54, ou *The Witches' Way*, pp. 31-9). O Grande Rito "simbólico", usando o Athame e o Cálice, é Magia de Gênero; o "real" Grande Rito, envolvendo relações sexuais, é Magia Sexual.

(O Grande Rito fornecido em *The Witches' Way* é o texto completo do Livro das Sombras do próprio Gerald Gardner na posse de Doreen Valiente; a versão em *Oito Sabbats para Bruxas* é uma forma mais simples, como nos foi ensinada por nossos próprios iniciadores, Alex e Maxine Sanders, mas possivelmente também de origem Gardneriana. Nós mesmos achamos a versão do texto completo muito complicada e detalhada para um trabalho natural; poucas pessoas poderiam aprender tudo de cor, e o livro na mão diminui a dignidade e a dramaticidade. Sempre usamos a versão mais simples, seja ela simbólica, seja real, e ficamos muito felizes com ela. Mas isso é uma questão de escolha individual.)

O propósito da Magia Sexual, seja pelo Grande Rito "real" em um Círculo formal, seja menos ritualmente na cama (ou onde quer que seja) em um Círculo mentalmente lançado, é simples: o aproveitamento do grande poder multinível das relações harmoniosas para um dado objetivo mágico.

Como sempre, esse objetivo deve ser precisamente definido e visualizado de antemão; e com a Magia Sexual isso é particularmente importante, porque uma vez que a excitação mútua tenha começado, o casal não deve se distrair com incertezas incômodas. A definição do objetivo preciso já deve ter resolvido qualquer incerteza e deve ser lembrada instantaneamente e vividamente no momento da liberação do poder, por uma simples frase de gatilho e/ou imagem vívida.

Pouco precisa ser dito sobre essa excitação mútua, porque se o casal estiver (como deveria estar) sintonizado um com o outro e plenamente consciente das necessidades, gostos e desgostos um do outro, estes serão exclusivos para eles, e dar-lhes uma palestra sobre o assunto seria ser presunçoso. Mas a excitação deve ser desinibida e direcionada para a construção máxima da tensão expectante – não apenas como muitas vezes é legitimamente o caso de fazer amor, para a liberação da tensão que já está lá.

O orgasmo é o momento para chamar a visualização do objetivo mágico e liberar o acúmulo de poder para esse propósito.

Quando simultâneo, o orgasmo é ideal para isso, mas nem sempre é alcançável (muitos casais ficam muito felizes com um após o outro, e por que não?), e tentar alcançá-lo nunca deve atingir um nível de preocupação acerca disso, o que inibiria a construção do poder. Se os orgasmos são separados, ambos os parceiros devem visualizar a liberação do poder à medida que cada orgasmo acontece; não é uma técnica fácil para alguns aprenderem, mas vale a pena aperfeiçoar. Se o seu parceiro vem em primeiro lugar, uma chave útil é dizer a si mesmo que a liberação do poder dele também é excitante e estimulante para você e, portanto, aumenta ainda mais o seu próprio poder. Se ele ficar em segundo lugar, perceba que seu próprio prazer pós-orgástico é uma base firme, uma espécie de plataforma de lançamento, para a liberação efetiva do poder da excitação dele.

Muitas mulheres não têm um orgasmo toda vez que fazem amor, mas ainda assim acham as ocasiões não orgásticas satisfatórias (um fato que os homens, cuja fisiologia requer a ejaculação, muitas vezes não conseguem entender). Se isso acontecer durante a relação sexual-mágica, de forma alguma a mulher deve se sentir culpada ou inadequada. Ela deveria visualizar novamente sua própria forma particular de prazer como uma plataforma de lançamento, e o orgasmo de seu homem como um momento perfeitamente adequado para a liberação do poder que sua polaridade sexual construiu. Ela pode até dizer a si mesma que "alguém lá em cima" decidiu que essa síndrome em particular é melhor para o propósito em questão - e ela pode estar certa. A fé no propósito dos Deuses e Deusas torna mais fácil para eles nos usarem como canais.

Como explicamos na pág. 172 de *The Witches' Way*, o devaneio pós-coito também tem um uso mágico. Lá estávamos falando sobre o benefício próprio do casal, mas também pode ser usado para ajudar outros. Há ocasiões em que o feitiço mais eficaz para um amigo é a projeção de amor, segurança e calma; e quer melhor estado de espírito para isso do que a paz radiante que se segue ao fazer um amor harmonioso?

Existem ocasiões em que vários casais podem participar de um trabalho de Magia Sexual?

Sim, existem. Isso acontece quando o poder máximo é necessário, mas as mesmas regras se aplicam: cada casal deve ser casado ou amantes estabelecidos - além disso, cada casal deve ter sua própria ilha de privacidade, o que, na prática, costuma significar uma grande Círculo, ao ar livre, no escuro.

Maxine Sanders dá dois exemplos de sua própria experiência, no capítulo 9 de seu livro *Maxine: The Witch Queen*. O primeiro foi um ritual do Equinócio da Primavera, nos pântanos de Yorkshire, há muitos anos, quando o poder foi aumentado para enviar ajuda a várias pessoas. O segundo foi realizado por cinco casais em um apartamento em Londres, para salvar uma criança que estava morrendo de câncer. "Quando as luzes finalmente foram acesas novamente, houve um sentimento de grande felicidade e conquista", registra Maxine. "A criança? Ela se recuperou. Os médicos não gostam desse tipo de 'milagre'. Acho que eles nunca se convenceram de que era a mesma criança. Ela está linda agora, muito bonita".

Esses trabalhos são chamados de "orgias sagradas" por Maxine, e ela admite que a frase é muitas vezes cogitada por pessoas que não têm entendimento ou vontade de entender o seu significado.

Um aviso pertinente, com o qual concordamos. O pequeno grupo de pervertidos que usa a Arte como desculpa para um *gang-bang*, sem amor ou privacidade, deve lembrar que: (a) qualquer Magia pretendida não funcionará, e (b) eles não estão apenas correndo o risco de doenças físicas, mas também convidando as doenças mentais e espirituais.

No antigo mundo Pagão, uma forma difundida de Magia sexual era o *hierogamos* ou "casamento sagrado".

Em sua forma mais característica, envolvia relações rituais entre um rei ou líder e uma Sacerdotisa da Deusa apropriada – de soberania, para confirmar sua realeza; de fertilidade para garantir o território de seu povo ou de vitória para garantir sua defesa. A história de Ester e do rei Assuero no *Livro de Ester* (o único livro da Bíblia, além do Cântico de Salomão que não menciona o Deus judeu em parte alguma) é, de fato, um registro inconfundível de tal *hierogamos* Pagão. Assim é a lenda irlandesa da rainha Medb (Maeve) de Connacht, que deve ter sido originalmente uma Sacerdotisa da Deusa da Soberania, ou uma memória de todas essas Sacerdotisas; diz-se que ela foi esposa de nove reis da Irlanda, e que apenas um homem que se acasalasse com ela poderia ser rei. A julgar por suas lendas, ela também deve ter personificado a Deusa guerreira; e talvez seja irônico que ela tenha terminado no folclore inglês como a rainha Mab dos contos de fadas.

Uma tradição feliz que ainda se encontra em muitos lugares é a escolha de uma menina como a Rainha de Maio para um vilarejo, ou onde quer que seja, com apropriada entronização, desfile e festa geral. Mas este festival inocente é da mesma forma descendente direto de um *hierogamos*. Antigamente, também era escolhido um Rei de Maio, e a união do casal era consumada pública e ritualmente em um campo recém-semeado.

Como Sir James Frazer colocou em *O Ramo de Ouro* (pp. 178-9 da edição abreviada - ver Bibliografia), tais rituais "...eram simpatias destinadas a fazer com que as matas crescessem verdes, a grama fresca, o milho e as flores brotassem... Assim, podemos supor com alto grau de probabilidade que a prodigalidade que notoriamente assistia a essas cerimônias não era um excesso acidental, mas uma parte essencial dos ritos, e que, na opinião daqueles que os realizavam, o casamento de árvores e plantas não poderia ser fértil sem a união real dos sexos humanos".

Finalmente, gostaríamos de salientar o que *deveria* ser óbvio: que o Grande Rito na Wicca, particularmente quando usado como Ritual de Iniciação de Terceiro Grau de um homem, é ele próprio um *hierogamos*. A mulher, que está sujeita ao ritual de "Puxar a Lua para Baixo", personifica a Deusa da Iniciação; e se ele se aproxima da ocasião com o espírito certo, por meio de sua união com ela (simbólica ou real), o homem confirma e valida seu novo status.

O que provoca uma reflexão: quando é a mulher que está recebendo seu Terceiro Grau, não seria apropriado "Puxar o Sol para Baixo" no homem (veja *The Witches' Way*, Capítulo VI), para enfatizar isso nela, e para o mesmo propósito de representar o Deus na Iniciação?

VIII

A ARTE DOS FEITIÇOS E A CABALA

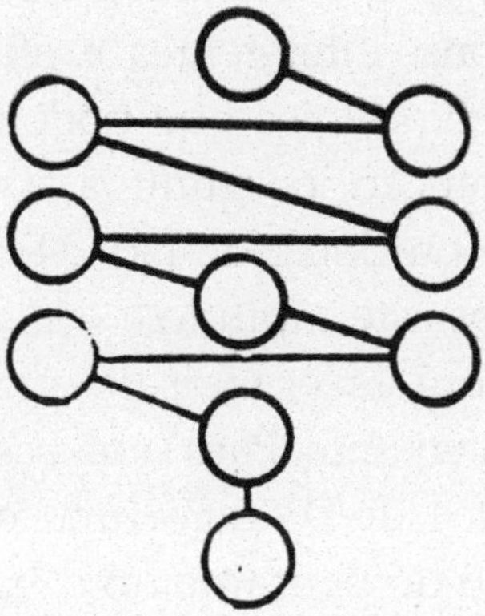

A Cabala (também grafada com Q ou K) é um sistema filosófico e mágico intrínseco à Tradição Ocidental de Mistérios. É de origem hebraica e seus termos técnicos ainda são hebraicos. No uso ocidental, seus ensinamentos sofreram algumas mudanças de ênfase, mas como Dion Fortune pontuou (*A Cabala Mística*, p. 2), eles são os "descendentes legítimos" e o "desenvolvimento natural" dos originais.

Geralmente, a cabala não é considerada como parte da Tradição Wiccaniana dominante; algumas Bruxas acham útil, enquanto outras fazem questão de evitá-la. Mas na atual abertura de informações e discussões ocultistas, ela certamente interagiu com a Arte; e há alguma evidência de tal interação de tempos anteriores, através da comunicação entre Bruxas e Magos (também através do contato solidário entre Bruxas e judeus enquanto minorias perseguidas).

Estamos entre aqueles que consideram os conceitos cabalísticos uma expansão frutífera da Bruxaria "pura" (se é que existe tal coisa). Do ponto de vista do trabalho com feitiços, que é nossa preocupação aqui, este conceito pode fornecer uma estrutura muito útil para classificar e esclarecer o pensamento preparatório, e também uma rica fonte de correspondências e símbolos relacionados para o trabalho real.

Se concorda ou não conosco, isso é pessoal. Existem inúmeros Bruxos bons, inteligentes e eficazes que não fazem uso da cabala. A melhor coisa que podemos sugerir é que leia este capítulo com atenção, pergunte a si mesmo se isso ressoa em você e aproveite ou deixe de lado. É para lhe oferecer esta escolha que incluímos este capítulo.

É impossível, aqui, fazer mais do que esboçar os princípios da Cabala muito brevemente. Para uma base adequada, o melhor livro é *A Cabala Mística*, de Dion Fortune, citado anteriormente.

O projeto básico do pensamento cabalístico está na Árvore da Vida, mostrada na Figura 3. Ela representa os aspectos e categorias fundamentais do ser - seja em termos de criação e evolução cósmica ou na constituição de um indivíduo, uma situação ou um processo de desenvolvimento.

É um glifo ou diagrama que consiste em dez esferas ou *Sephiroth* (singular, *Sephirah*), com *Kether* (A Coroa) no topo e *Malkuth* (O Reino) na parte inferior. Estes estão conectados entre si de duas maneiras: (1) pela sequência de *Kether* a *Malkuth*, lendo para baixo e da direita para a esquerda; e a mesma sequência no sentido inverso. Isso é conhecido como "O Caminho do Relâmpago"; (2) por uma rede de vinte e dois Caminhos ligando certas *Sephiroth*.

Há também duas maneiras de agrupar as *Sephiroth*:

1. Em três triângulos - o Triângulo Superno no topo, consistindo de *Kether*, *Chokmah* e *Binah*; separado pelo Abismo a partir do Triângulo Ético no meio, consistindo de *Chesed*, *Geburah* e *Tiphareth*; o Triângulo Astral abaixo deste, consistindo de *Netzach*, *Hod* e *Yesod*. Isso deixa *Malkuth*, representando o Mundo Material.
2. Em três pilares - o Pilar da Misericórdia à direita, consistindo de *Chokmah*, *Chesed* e *Netzach*; o Pilar da Severidade à esquerda, consistindo de *Binah*, *Geburah* e *Hod*; e o Pilar do Meio, de Suavidade ou Equilíbrio, consistindo de *Kether*, *Tiphareth*, *Yesod* e *Malkuth*.

O tema essencial da Árvore, em escala macrocósmica, é a involução da pura existência de *Kether*, seguindo o Caminho do Relâmpago até a manifestação física em *Malkuth*; e a Evolução de volta à fonte, enriquecida pela experiência da manifestação, ao longo do Caminho do Relâmpago para cima.

Em uma escala microcósmica, representa o equilíbrio de aspectos dentro de um indivíduo, uma situação e sua interação. Mas em qualquer escala, o velho ditado cabalístico deve sempre ser lembrado: "Todas as *Sephiroth* são igualmente sagradas".

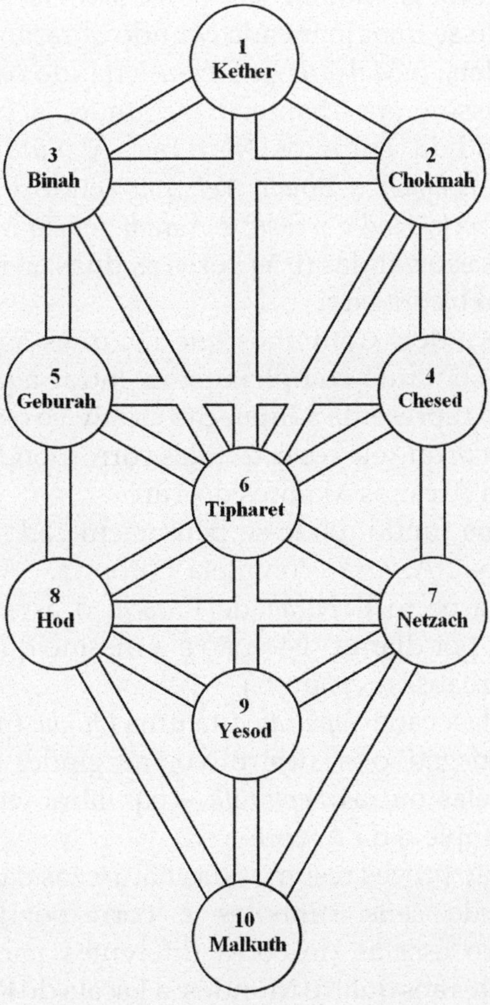

Fig. 3 – Árvore Cabalística da Vida

A extremidade inferior da Árvore da Vida não é "má" ou moralmente inferior. A manifestação física é um aspecto essencial do processo cósmico, uma de suas formas de acumular experiência e complexidade; e no nível humano, o corpo merece tanto respeito e prazer quanto o espírito.

Cada *Sephirah* tem uma série de correspondências; a lista mais abrangente delas está no *777, de Aleister Crowley*.

A Árvore também pode ser considerada em quatro Mundos ou níveis: *Atziluth*, o Mundo Arquetípico; *Briah*, o Mundo Criativo; *Yetzirah*, o Mundo Formativo e *Assiah*, o Mundo Material.

Esses mundos podem ser pensados de duas maneiras. Primeiro, pode-se imaginar cada Mundo abraçando sua própria Árvore completa, o *Malkuth* de *Atziluth* dando origem ao *Kether* de *Briah*, e assim por diante. E segundo, a própria Árvore pode ser dividida entre os Mundos: *Atziluth* sendo *Kether*; *Briah* sendo *Chokmah* e *Binah*; *Yetzirah* sendo *Chesed*, *Geburah*, *Tiphareth*, *Netzach*, *Hod* e *Yesod*; e *Assiah* sendo *Malkuth*. Ambas as abordagens são válidas (e às vezes as duas ao mesmo tempo), de acordo com o contexto.

Os vinte e dois Caminhos que ligam as *Sephiroth* são um estudo por si só muito complexo para entrar aqui. Resumindo, cada Caminho representa a interação criativa e o equilíbrio entre as duas *Sephiroth* que ele conecta. Suas correspondências incluem os vinte e dois Arcanos Maiores do Tarô.

Indo mais fundo, pode-se pensar em cada *Sephirah* como contendo uma Árvore completa própria. Assim, pode-se considerar o aspecto *Geburah* de *Chesed*, o aspecto *Netzach* de *Yesod*, e assim por diante. (Isto não é o mesmo que considerar os Caminhos entre essas *Sephiroth*.)

Associada a cada *Sephirah* está uma *Qlipha* (plural *Qliphoth*), seu aspecto negativo e destrutivo, surgindo quando não é equilibrado pelas outras *Sephiroth* – equilíbrio criativo sendo o significado completo da Árvore.

Aqui estão breves resumos das naturezas das dez *Sephiroth*, com alguns de seus símbolos e correspondências. (Nota: existem quatro escalas de cores diferentes para as *Sephiroth*, correspondentes aos quatro Mundos: a Escala do Rei, em *Atziluth*; a Escala da Rainha, em *Briah*; a Escala do Imperador, em *Yetzirah*;

e a Escala da Imperatriz, em *Assiah*. As cores dadas abaixo são as da Escala da Rainha, que são as mais amplamente usadas na Magia prática.)

1. **Kether** (A Coroa): o Primeiro Manifesto; existência pura, sem forma. Microcosmicamente, a essência última de um indivíduo ou de uma situação – embora "individualidade" e "situação" só possam realmente ser concebidas em relação à Árvore como um todo.
   Imagem mágica: um antigo rei barbudo visto de perfil.
   Cósmico / astrológico: Primum Mobile, os primeiros redemoinhos.
   Experiência espiritual: união com o Divino.
   Virtude: realização. Conclusão da Grande Obra.
   Vício: nenhum.
   Símbolos: o ponto, a coroa, a suástica (não a suástica invertida dos nazistas, mas girando para o outro lado).
   Cartas de Tarô: os quatro Ases, raízes dos poderes de cada elemento.
   Cor: brilho, branco puro.

2. **Chokmah** (Sabedoria): o Pai Celestial. Energia pura, sem direção, ainda sem forma; o Grande Estimulador e Impregnador.
   Imagem mágica: uma figura masculina barbuda.
   Cósmico / astrológico: o Zodíaco.
   Experiência espiritual: a Visão da Divindade face a face.
   Virtude: devoção.
   Vício: nenhum.
   Símbolos: o falo, o *Yod* do Tetragrammaton, a Pedra Erguida, linha reta.
   Cartas de Tarô: os quatro Dois (Paus, domínio; Copas, amor; Espadas, paz restaurada; Ouros, mudança harmoniosa).
   Cor: Cinza.

3. **Binah** (Compreensão): a Mãe Suprema. Toma a energia sem direção de *Chokmah* e lhe dá forma, confinando-a dentro de limites. *Binah* é, portanto, a raiz última da matéria: *Malkuth* está sentado no trono de *Binah*. A Mãe Negra no sentido de constrição e confinamento necessários para criar forma e

morte para produzir renascimento. *Chokmah* e *Binah* juntos são a polaridade criativa básica do cosmos.
Imagem mágica: uma mulher madura.
Cósmico / astrológico: Saturno.
Experiência espiritual: Visão da Dor.
Virtude: silêncio.
Vício: avareza.
Símbolos: a Yoni, a Taça ou o Cálice.
Cartas de Tarô: os quatro Três (Paus, força estabelecida; Copas, abundância; Espadas, tristeza; Ouros, obras materiais).
Cor: preto.
(Entre este Triângulo Superno e o resto da Árvore vem o abismo – uma demarcação na natureza do ser, entre o potencial e o atual. A manifestação real, como nossas mentes finitas podem conceber, começa abaixo do Abismo. No Abismo está a "*Sephirah Invisível*", Daath, que pode ser considerada a *Sephirah* do Devir.)

4. Chesed (Misericórdia). Também conhecido como *Gedulah*. O Pai amoroso, protetor e preservador; *Chokmah* em um arco inferior; organização, o governante benevolente. Formulação de ideias arquetípicas; a fonte de inspiração a ser trabalhada nos planos da forma.
Imagem mágica: um poderoso rei coroado e entronizado.
Cósmico / astrológico: Júpiter.
Experiência espiritual: visão do amor.
Virtude: obediência.
Vício: intolerância, hipocrisia, gula, tirania.
Símbolos: a figura sólida, o Tetraedro, pirâmide, cruz de braços iguais, esfera, Bastão, cetro, o trapaceiro.
Cartas de Tarô: os quatro Quatros (Paus, trabalho aperfeiçoado; Copas, prazer; Espadas, descanso da luta; Ouros, poder terrestre).
Cor: azul.

5. Geburah (Força, Severidade): o aspecto catabólico ou destruidor da força, que elimina os aspectos desgastados. O Exército para o Governo de *Chesed*. O matador de

dragões. *Geburah,* embora inspiradora, não é "má"; é o colapso necessário, o aspecto catabólico do processo vital, relacionada com a liberação de força na atividade.

IMAGEM MÁGICA: um poderoso guerreiro em sua carruagem.

CÓSMICO / ASTROLÓGICO: Marte.

EXPERIÊNCIA ESPIRITUAL: visão de poder.

VIRTUDE: energia, coragem.

VÍCIO: crueldade, destruição.

SÍMBOLOS: o Pentágono, a rosa Tudor de cinco pétalas, a espada, a lança, o flagelo, a corrente.

CARTAS DE TARÔ: os quatro Cincos (Paus, conflito; Copas, perda do prazer; Espadas, derrota; Ouros, problemas materiais).

COR: escarlate.

6. TIPHARETH (Beleza): o centro de equilíbrio de toda a Árvore; o ponto de transmutação entre os planos de força e os planos de forma; *Kether* em um arco inferior e *Yesod* em um arco superior. O governante das seis *Sephiroth* de *Yetzirah,* o Mundo Formativo. O Lugar da Encarnação; em termos de reencarnação humana, as quatro *Sephiroth* acima de *Tiphareth* representam a individualidade, ou o eu imortal, e *Kether* sua centelha divina, enquanto as quatro *Sephiroth* abaixo de *Tiphareth* representam a Personalidade, ou o eu inferior de cada encarnação. *Tiphareth* integra os dois. O Deus sacrificado; em termos cristãos, o Cristo. *Sephirah*: "*Tiphareth,* o Filho nos mostra *Kether,* o Pai".

IMAGEM MÁGICA: um rei majestoso, uma criança, um Deus sacrificado.

CÓSMICO / ASTROLÓGICO: o Sol.

EXPERIÊNCIA ESPIRITUAL: visão da harmonia das coisas.

VIRTUDE: devoção à Grande Obra.

VÍCIO: orgulho.

SÍMBOLOS: o Lamen, a Rosacruz, a cruz do Calvário, a pirâmide truncada, o cubo.

CARTAS DE TARÔ: os quatro Seis (Paus, vitória; Copas, alegria; Espadas, sucesso conquistado; Ouros, sucesso material).

COR: amarelo.

7. **Netzach** (Vitória). Instintos e emoções; força em uma escala inferior, equilibrada por *Hod*, que é a forma em uma escala inferior. Ou melhor, "não força, mas forças; não vida, mas vidas" (Dion Fortune). A *Sephirah* da Natureza, as artes, a dança, o som e a cor. A função intuitiva do lado direito do cérebro. Em *Netzach* e *Hod*, as formas pensamento tomam forma e se manifestam em *Yesod*. *Netzach* e *Hod* são uma polaridade equilibrada essencial, assim como *Chesed* e *Geburah*.
   Imagem mágica: uma linda mulher nua.
   Cósmico / astrológico: Vênus.
   Experiência espiritual: visão da beleza triunfante.
   Virtude: altruísmo.
   Vício: promiscuidade, luxúria.
   Símbolos: lâmpada e cinto, a rosa.
   Cartas de Tarô: os quatro Setes (Paus, valor; Copas, sucesso ilusório; Espadas, esforço instável; Ouros, sucesso não realizado.
   Cor: esmeralda.

8. **Hod** (Glória): o intelecto, a imaginação que dá forma; a função linear-lógica do cérebro esquerdo. A *Sephirah* do trabalho mágico – de formular formas na mente e o uso da vontade para se conectar com as forças naturais de *Netzach* e animar essas formas. Magia formal em oposição ao poder da mente simples.
   Imagem mágica: um hermafrodita.
   Cósmico / astrológico: Mercúrio.
   Experiência espiritual: visão de esplendor.
   Virtude: veracidade.
   Vício: falsidade, desonestidade.
   Símbolos: nomes e versículos, avental.
   Cartas de Tarô: os quatro Oitos (Paus, rapidez; Copas, sucesso abandonado; Espadas, força encurtada; Ouros, prudência).
   Cor: laranja.

9. **Yesod** (Fundação): o receptáculo das emanações de todas as *Sephiroth* acima dele, que "purifica e corrige". O princípio

Akáshico, o Éter Astral. A *Sephirah* da Maquinaria do Universo, o último estágio antes da manifestação física. O tesouro das imagens; também a esfera de Maya, ou ilusão. Reflete a luz de *Tiphareth* como a Lua faz ao Sol. Rítmica, como a Lua e o ciclo menstrual.

Imagem mágica: um belo homem nu, muito forte.

Cósmico / astrológico: a Lua.

Experiência espiritual: visão da maquinaria do Universo.

Virtude: independência.

Vício: ociosidade.

Símbolos: perfumes e sandálias.

Cartas de Tarô: os quatro Noves (Paus, grande força; Copas, felicidade material; Espadas, desespero e crueldade; Ouros, ganho material).

Cor: violeta.

10. **Malkuth** (Reino): a *Sephirah* da Terra, da manifestação física –, mas também da Alma da Terra, do aspecto sutil e psíquico da matéria. *Yesod* depende de suas atividades para a manifestação da substância fornecida por *Malkuth*; igualdade. *Malkuth* é matéria inanimada até que *Yesod* engendre alma nela. Aqui a involução atinge a conclusão e a evolução começa. "Toda operação mágica deve chegar a Malkuth antes que possa ser considerada como tendo sido completada, pois somente em Malkuth a força é finalmente trancada na forma" (Dion Fortune).

Imagem mágica: uma jovem, coroada e entronizada.

Cósmico / astrológico: esfera dos elementos.

Experiência espiritual: visão do sagrado Anjo Guardião.

Virtude: discriminação.

Vício: avareza, inércia.

Símbolos: altar do cubo duplo, a cruz de braços iguais, o Círculo Mágico, o triângulo da Arte.

Cartas de Tarô: os quatro Dez (Paus, opressão; Copas, sucesso aperfeiçoado; Espadas, ruína; Ouros, riqueza).

Cor: citrino, verde-oliva, castanho-avermelhado e preto (os quatro elementos).

IX

TALISMÃS

Um talismã é, por assim dizer, a concentração do significado e da intenção de um feitiço em forma de bolso ou carregável. É algo pessoal, para proteção, encorajamento, fortalecimento - ou seja lá o que for - do indivíduo que o carrega ou usa.

É o alho preparado sob medida, diferentemente de um mero amuleto, que é generalizado, como o tradicional pé de coelho ou a medalha de São Cristóvão. (O *Shorter Oxford English Dictionary* define um amuleto simplesmente como "qualquer coisa usada como um encanto contra o mal, doença, feitiçaria, etc."; sua definição de talismã é muito mais extensa, envolvendo a gravação de símbolos planetários e assim por diante, e seu uso é indicado para trazer boa sorte, bem como para evitar o mal, e diz que "geralmente é usado como um amuleto".)

As mesmas regras se aplicam a um talismã assim como ao trabalho dos feitiços em geral. Ele deve ser feito para um propósito específico, visualizado e definido com precisão. A imaginação deve ser atraída para sua criação. E a força de vontade máxima deve ser usada em seu carregamento.

Fig. 4 – Um típico talismã

O método que achamos mais satisfatório para criar um talismã é o que pode ser chamado de sistema de quatro páginas.

Pegue uma folha de papel duro – pergaminho é melhor – dobre uma vez, corte dois círculos com cerca de 7 cm de diâmetro e articule-os juntos de um lado, para que possam ser dobrados como um livro em um único disco de bolso. Isso fornecerá quatro superfícies para desenhar símbolos apropriados. A Figura 4 mostra um exemplo típico. Digamos que uma pessoa chamada Joan Hume está se mudando para o interior, onde ela não tem experiência. Ela está ansiosa para se sintonizar com isso o mais rápido possível e para aprender a interagir com a natureza de uma maneira que beneficie tanto a si mesma quanto ao seu novo ambiente. Então, uma amiga Bruxa (vamos chamá-la de Sally) fez para ela esse talismã, a fim de ajudá-la a ter sucesso em sua decisão.

Do Lado 1 está o traçado do nome de Joan a partir do quadrado planetário do Sol, escolhido por ser o mais diretamente relacionado à fecundidade da Terra e o ciclo das estações. Para entender essa forma de traçar os nomes, veja o Apêndice 2. Primeiro, o equivalente numerológico do nome de Joan é encontrado em uma tabela no Apêndice 2. Desta forma:

J O A N H U M E
1 6 1 5 8 3 4 5

Esta sequência é então traçada em uma linha contínua de número a número sobre o quadrado do Sol disponível no Apêndice 2 (ou sobre uma cópia reduzida apropriada para o tamanho do talismã), resultando na figura que você vê. (Para a cópia em escala reduzida, a maneira mais simples é desenhá-la levemente a lápis diretamente no talismã - sem os números, que você pode ver no original - e apagar isso assim que o nome-sigilo for traçado em tinta). Desta forma, qualquer nome pode ser traçado em qualquer um dos sete quadrados planetários, para simbolizar a harmonização da pessoa com as qualidades que o planeta representa.

Joan e Sally sabiam que era óbvio que Joan deveria sintonizar-se com os aspectos animais e vegetais de seu novo ambiente; então eles foram representados nos lados 2 e 3.

Para simbolizar o aspecto animal, Sally escolheu um esquilo; ela sabia que havia alguns na área de Joan, e seria bom para ela manter os olhos sobre essas criaturas tímidas. Para o aspecto vegetal, ela desenhou uma bolota - não apenas porque havia carvalhos na região, mas porque a forma fálica da bolota sempre foi um símbolo de fertilidade. (Ela não mencionou o último motivo para Joan, deixando-o trabalhar em seu subconsciente!)

Uma coisa que Sally percebeu mais claramente do que Joan foi que sua sintonia com a natureza deve incluir o que talvez seja sua característica mais básica - o fato de ser cíclica e rítmica. Assim, para o lado 4, ela escolheu um círculo simples de quatro setas curvas para representar o eterno ciclo das estações, abraçando o *ankh*, símbolo da vida.

Não podemos mostrar as cores em nossa figura, mas é claro que Sally as usou para enfatizar o simbolismo. Para o lado 1, com sua conotação solar, ela queria usar tinta dourada, mas sabia que isso desbotava facilmente e desejava que o talismã acabado mantivesse seu brilho, então ela se contentou com o laranja.

Para o lado 2, ela desenhou o esquilo em vermelho, a cor do sangue da vida animal - outro motivo para a escolha do esquilo, pois era vermelho mesmo. Para a bolota, ela usou o verde da fertilidade das plantas. Para o lado 3, ela desenhou as quatro setas em verde, laranja, marrom e preto, no sentido horário, para simbolizar a primavera, verão, outono e inverno; e o *ankh* ela desenhou em azul brilhante.

Por fim, ela fez um sachê de seda para guardar o talismã e disse a Joan para usá-lo o dia todo ("... enfiado em seu sutiã, próximo ao seu coração se você não suar muito – não quero que a tinta escorra") e mantê-lo debaixo do travesseiro à noite. Uma vez por dia, ela deve retirá-lo e olhar para cada um dos lados, um de cada vez, para absorver seu significado.

Este papel de quatro lados ou disco de pergaminho não é a única forma que um talismã pode assumir, é claro. Ele também pode ser um anel, um pedaço de metal gravado, madeira ou pedra - qualquer coisa, desde que seja feito sob medida para sua finalidade.

Um talismã de boa sorte muito simples é um saquinho vermelho no qual você coloca uma pitada de sal, uma tira de pano, um pequeno pedaço de carvão, um pedaço de seda cortado em forma de coração, uma moeda de seis pence de prata, se puder encontrar uma (se não, qualquer moeda pequena serve) e um pequeno pedaço de pão. Quando tudo estiver dentro, costure a bolsa com linha de lã vermelha, recitando enquanto costura:

Esta bolsinha traz sorte e novos ares
Para mim e meus familiares
Que ela possa manter por dias e noites constantes
Os problemas e as doenças bem distantes
Flags, flax, fodder and Frigg![2]

---

2. N. T.: essa frase críptica expressa uma antiga bênção saxônica usada por Pagãos e Bruxas que resumidamente significa "que sempre haja uma casa para morar, roupas para vestir, comida para comer e alguém para amar".

A última linha é um antigo desejo da Arte. As quatro palavras significam, respectivamente, um teto sobre sua cabeça; roupas para as costas; comida para sua barriga; e uma vida sexual feliz (da Deusa nórdica do amor Frigg). Este versículo é, naturalmente, uma fórmula para abençoar o talismã; e todo talismã - ou melhor, amuleto - deve ser ritualmente abençoado ou consagrado antes de ser colocado em uso.

Essa exigência é tão antiga quanto a própria Magia; aqui, por exemplo, está uma antiga bênção caldeia de um talismã para proteger uma casa:

TALISMÃ, TALISMÃ, FRONTEIRA QUE NÃO PODE SER REMOVIDA, FRONTEIRA QUE OS DEUSES NÃO PODEM PASSAR, BARREIRA IRREMOVÍVEL, QUE SE OPÕE À MALEVOLÊNCIA! SEJA UM PERVERSO *UTUQ*, UM PERVERSO *ALAL*, UM PERVERSO *GIGIM*, UM DEUS PERVERSO, UM *MASKIM*, UM FANTASMA, UM ESPECTRO, UM VAMPIRO, UM ÍNCUBO, UM SÚCUBO, UM PESADELO, QUE A BARREIRA DO DEUS EA O DETENHA!

(*Utuk*, *Alal* e assim por diante são várias categorias de espíritos malignos, enquanto Ea era o Deus caldeu e assírio-babilônico da água, sabedoria e Magia.)

O método usual de consagração na Arte hoje é com os quatro elementos, dentro de um Círculo Mágico. Uma pessoa, ou, de preferência, um homem e uma mulher, coloca o objeto sobre o Pentáculo no altar, com as mãos sobre ele, dizendo: EU TE CONSAGRO COM O ELEMENTO TERRA; em seguida, borrifa com água consagrada, usando a frase correspondente; depois, passa-o pela fumaça do incenso para o Ar, novamente com as palavras apropriadas; e finalmente (a uma distância segura) sobre a chama da vela para o Fogo. A declaração aqui termina NOS NOMES DE CERNUNNOS E ARADIA - ou quaisquer nomes de divindades adequados que tenham sido escolhidos. Se estiver sendo feito por um homem e uma mulher, finalmente eles se abraçam e se beijam com o objeto preso entre seus peitos pela pressão de seus corpos - tomando cuidado para não o deixar cair ao se separarem.

Talismãs podem ser um método eficaz de proteção pessoal. Eric Winch de Norwich nos diz:

Uma conhecida pediu proteção a um homem que parecia ter

> um interesse doentio por ela quando ela viajava de trem para o trabalho. Não é que ele a tivesse tocado; na verdade, ele nem tinha falado com ela. Seus olhares eram hostis e ameaçadores. Lancei um feitiço e fiz para ela um talismã para usar na cintura, amarrado com fitas coloridas apropriadamente. O talismã consistia em símbolos rúnicos de proteção e seus próprios glifos do zodíaco. Desde o primeiro dia em que ela o usou, o homem pareceu perder o interesse por ela e, alguns dias depois, sentou-se em um compartimento diferente do dela.

Tal como acontece com outros feitiços, com os talismãs muitas vezes é a pessoa em questão que deve ser trabalhada, em vez de seus perigos ou problemas externos. Eles podem ser úteis, por exemplo, para combater problemas ou fobias que estão criando dificuldades. Elen J. Williams nos diz: "Um trabalho particularmente bem-sucedido envolveu fazer um talismã para uma pessoa que era agorafóbica; foi eficaz por anos até que o talismã se desgastou. Um trabalho de reparo rápido restaurou sua eficiência!"

Um talismã ou amuleto que permaneceu na posse da mesma família por seis séculos ou mais é a *Lee Penny* ou *Lee Stone*. Trata-se de uma medalha do reinado de Eduardo I (1272-1307), com uma pequena pedra triangular vermelha escura no verso. Pertence à família escocesa Lee de Lockhart e diz que foi trazida da Terra Santa pelo seu antepassado, Sir Simon Lockhart no início do século 14.

Dizia-se que a água na qual a *Lee Penny* era mergulhada e girada curava raiva, hemorragia, doenças do gado e outras enfermidades. Newcastle-on-Tyne a emprestou, em 1645, durante um surto de peste, com a então enorme fiança de £ 6.000 para seu retorno seguro. A cidade deve ter ficado satisfeita com os resultados, pois se ofereceu para comprá-la depois, mas a família não quis vender.

Sete anos antes disso, o Sínodo de Glasgow havia investigado uma acusação de feitiçaria contra a família Lee por causa do amuleto *Penny*. Eles decidiram que a medalha parecia ter poderes curativos, "... dos quais nenhum humano poderia dar uma razão, tendo agradado a Deus dar às pedras e às ervas virtudes especiais para a cura de muitas enfermidades em homens e animais". Eles absolveram os "Lees", já que nenhum feitiço falado foi usado, mas prudentemente aconselharam Laird de Lee "... tome cuidado para que seja usado daqui em diante com o menor escândalo possível".

Outro talismã escocês desse tipo era o *Lockerbie Penny*, uma peça plana de prata pertencente a uma família que morava em Lockerbie, em Dumfriesshire. Essa peça também tinha que ser mergulhada em água, que então adquiria seu poder de cura - especificamente para hidrofobia em gados. Muitas vezes, era emprestado a fazendeiros vizinhos quando uma vaca ou burro era mordido por um cachorro louco. Em 1844, o *Gateshead Observer* relatou que, devido ao aparecimento de sete cães loucos na área, um grande suprimento de água de Lockerbie foi enviado "por subscrição pública". (Foi referido aqui como *Lockerlee Water*, mas era claramente o mesmo.)

Talismãs e amuletos não são usados apenas por humanos; como excepcional exemplo de seu uso nos animais, estão os cavalos de bronze. Nos dias atuais, as pessoas tendem a considerá-los puramente decorativos, e eles certamente são isso, mas seu propósito original era usado para proteger o cavalo contra feitiços malignos. Seus desenhos, que permaneceram tradicionais até hoje, são todos de simbolismo de boa sorte e melhoria da vida, como sóis raiados, luas crescentes, ferraduras (apontando para baixo neste contexto - ver Capítulo XIV Feitiços Folclóricos) e assim por diante - trazem principalmente motivos Pagãos, ou pelo menos não especificamente cristão.

Os cavalos de bronze pertenciam ao carreteiro, não ao patrão, e eram passados de pai para filho. O conjunto completo podia chegar a vinte peças, usadas apenas em dias de gala; um ou dois (muito provavelmente escolhidos pela natureza do trabalho em ação ou para combater uma ameaça suspeita) seriam proteção suficiente para um dia comum.

X

QUANDO O FEITIÇO VIRA CONTRA O FEITICEIRO

Deve estar claro agora que a principal razão para um feitiço produzir resultados indesejados é a formulação imprecisa e, para seu fracasso de fato, a falta de foco sobre o que é realmente necessário.

Susa Morgan Black dá um exemplo embaraçoso deste último:

> Conheço um homem que queria muito ser notório e ter seu nome no jornal. Infelizmente, uma noite ele ficou bêbado e barulhento, foi preso e encontrou seu nome no jornal na seção "Prisões". Portanto, a palavra-chave quando se trabalha com feitiços é – seja específico – ou pelo menos inclua a cláusula "que só o bem venha deste feitiço para todos os envolvidos".

Eric Winch, de Norwich, nos dá um exemplo dos resultados a partir de um foco insuficiente e de um trabalho apressado. Um jovem amigo dele...

> [...] foi selecionado para um emprego em uma estação de rádio local e pediu um feitiço que lhe garantisse o emprego. Esta, como sabemos, teria sido a abordagem errada; a única maneira seria trabalhar no grupo de seleção para ver se ele era o homem certo para o trabalho. Com pressa, sem pensar muito, lancei um feitiço na hora do almoço.
>
> O grupo de seleção achou que nenhum dos candidatos era adequado e anunciou o trabalho mais uma vez. O jovem se candidatou de novo e novamente foi chamado. Dessa vez passei

> mais tempo pensando no trabalho. Isso significou que eu tive que me levantar cedo da minha cama o suficiente para lançar o feitiço às três horas da manhã. Fico feliz em dizer que ele conseguiu o emprego.

Devemos sempre nos certificar de que estamos cientes de todas as circunstâncias antes de trabalhar um feitiço; tirar conclusões precipitadas pode fazer perder a verdadeira natureza do problema. Eric também nos dá um exemplo disso:

> Uma amiga minha estava passando por uma depressão muito profunda. A menor perturbação ou palavra áspera a reduzia às lágrimas. Na esperança de impulsioná-la para o alto, eu trabalhei um feitiço apropriado. Descobrindo que o vermelho era uma cor que faltava em seus signos natais planetários, incluí muito dessa cor com Marte e Áries em um talismã.
>
> No entanto, em vez de aumentar sua confiança, isso só a fez piorar. Então eu descobri a raiz do problema. Seu ambiente de trabalho causou a depressão. Trabalhando a partir deste ângulo, ou seja, de provocar mudanças nessa área, foram feitas algumas alterações no cronograma e, como resultado, ela voltou à sua habitual alegria. Seu chefe de departamento de repente percebeu que o cronograma estava desatualizado e uma mudança era há muito necessária.

Feitiços que são bem-sucedidos em si podem às vezes ter efeitos colaterais inesperados ou "transbordar". Elen J. Williams nos fala de um caso assim.

> [...] quando trabalhamos para ajudar um membro do Coven a engravidar. Tivemos a clara impressão de que ela estaria grávida dentro de seis meses, o que aconteceu. No entanto, outra integrante que não tinha intenção de ter um filho também engravidou. Após o choque inicial, ela decidiu que gostou da ideia!

A visualização, como vimos, é um elemento poderoso na elaboração de feitiços; mas deve ser apropriada ou seu poder pode funcionar de maneiras inesperadas e às vezes indesejadas. Merlin e Morgana na Holanda nos dão um exemplo:

> [...] trata-se de uma jovem que estava desempregada e à procura de trabalho. Ela respondeu a um anúncio de emprego em um banco e foi selecionada para uma entrevista. Após a entrevista, ela decidiu fazer algum trabalho mágico para aumentar suas chances. A imagem principal neste trabalho mágico era uma visualização intensa de si mesma trabalhando no prédio, então isso foi bem fácil.
>
> Surpresa, surpresa! Ela não conseguiu o emprego no banco. No entanto, alguns dias depois, uma amiga ligou para ela e disse que havia recebido uma oferta de trabalho como secretária em uma pequena editora, mas teve que recusar e perguntou se ela estava interessada.
>
> Ela foi à entrevista e recebeu o cargo. E adivinha? Os editores ficavam no último andar do mesmo prédio em que o banco se encontrava.

No caso, as diferenças pessoais tornaram desagradável trabalhar lá, e depois de dois meses ela saiu de comum acordo.

Merlin e Morgana resumem:

> Para nós, o final da história é ilustrativo do ímpeto do trabalho mágico. As forças mágicas buscarão qualquer meio para realizar o objetivo, mesmo que não seja do interesse da pessoa em questão. A menos, é claro, que você seja inteligente o suficiente para se certificar de pedir apenas o que realmente quer, e não o que pensa que quer. E, finalmente, é importante escolher cuidadosamente sua mira mágica; neste caso, trabalhar em um prédio NÃO é o mesmo que trabalhar num banco situado neste edifício.

Há um tipo de trabalho mágico em que a visualização precisa não é necessária: o envio de um sentimento de amor, paz e segurança. Merlin e Morgana citam o caso de uma mulher de 49 anos que pediu ajuda a eles: ela estava acima do peso, aparentando 69 anos, deprimida e havia feito três tentativas de suicídio. Eles foram capazes de ajudá-la para começar; então, dois contratempos pessoais simultâneos pareceram levá-la de volta à estaca zero. Nesse estágio, eles concentraram o objetivo principal de seu trabalho mágico.

> [...] criar uma atmosfera tranquila ao seu redor, para que ela pudesse encontrar tempo para se controlar novamente sem ser sobrecarregada por problemas externos. O trabalho mágico neste caso não foi muito especificado – mais uma questão de enviar sentimentos e uma atmosfera de amor, paz, descanso e tranquilidade, do que uma imagem clara. Descobrimos que isso funciona muito bem em muitos casos. Onde imagens específicas podem levar a resultados não intencionais se você escolher sua imagem de forma errada, uma emoção bem definida pode dar bons resultados, embora igualmente inesperados.

Nesse caso em particular, um efeito foi que ambos os contratempos pessoais da mulher se resolveram em uma semana - e mais de um ano depois eles receberam um cartão postal dela feliz, de férias na Cornualha, enquanto antes ela tinha medo até de sair de sua própria porta da frente.

Às vezes parece que "alguém lá em cima" tem um senso de humor perverso quando se trata de feitiços descuidados. Há uma ocasião frequentemente citada, em que Alex Sanders disse ao seu Coven que queria ouro e os fez trabalhar por isso - e na manhã seguinte alguém apareceu à sua porta e o presenteou com um aquário e um peixinho dourado. E ainda, Nigel Bourne nos conta como ele e Seldiy uma vez fizeram um feitiço para uma determinada quantia de dinheiro - e depois foram para a rua e encontraram a quantia exata espalhada em dinheiro do jogo de tabuleiro Monopólio. "Alguém lá em cima" deve estar apenas se divertindo, porque logo depois a quantia certa de dinheiro real chegou a eles.

Desejos expressos com paixão podem, é claro, funcionar como feitiços. Certa vez, quando estávamos ainda mais falidos do que de costume, Janet chorou de exasperação; "Gostaria que tivéssemos meio milhão!" Pouco tempo depois, nossa agente literária escreveu para dizer que havia vendido um dos contos de Stewart a uma revista por meio milhão de liras italianas - cerca de £ 235 esterlinas. Então, se você está trabalhando com feitiços por dinheiro, especifique a moeda!

Uma história divertida de falha em um feitiço diz respeito ao Dr. John Fian, um dos Bruxos de North Berwick do século 16 (ver Capítulo XVIII Feitiços para o Clima). O Dr. Fian era um mestre da escola de Saltpans, que gostava da irmã de um de seus alunos. Ele prometeu ao aluno ensinar-lhe sem dar chicotadas se ele lhe trouxesse "três fios de cabelo das partes íntimas de sua irmã".

O menino dividia a cama com a irmã e tentou roubar três pelos pubianos da menina enquanto ela dormia; mas ela acordou e contou à mãe. A mãe, ela mesma uma Bruxa, então suspeitou o que estava por trás da tentativa - e depois que ela lhe deu uma surra, o menino confessou.

Então a mãe cortou três pelos do úbere de uma novilha e disse ao filho para entregá-los ao Dr. Fian, fingindo que eram de sua irmã. O mestre-escola lançou seu feitiço de amor sobre eles - e teve sucesso, embora certamente não como ele esperava. A novilha procurou o Dr. Fian, "pulando e dançando sobre ele", e o perseguiu pela cidade.

Tendo contado essa história às suas custas, é justo acrescentar que o Dr. Fian, no julgamento de 1590, se comportou com mais coragem do que todos os setenta acusados, recusando-se a confessar sob a mais cruel tortura. O rei Jaime VI (mais tarde Jaime I da Inglaterra) assistiu sua tortura e o condenou pessoalmente à morte.

XI

FEITIÇOS DO MUNDO ANTIGO

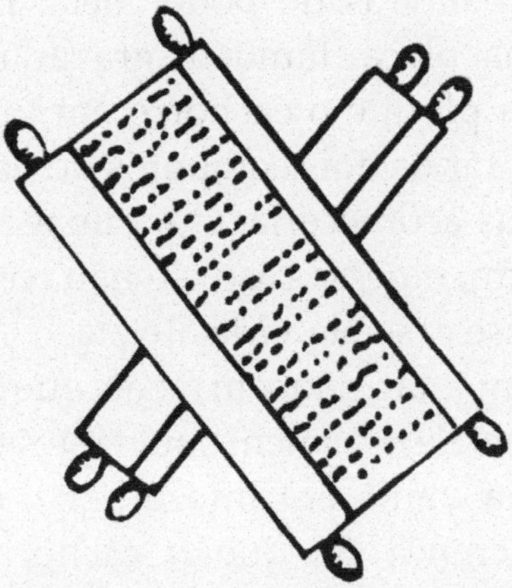

Os antigos egípcios tinham uma excelente reputação para Magia e feitiços. Como Wallis Budge pontua (*Egyptian Magic*, p. 4):

> Os escritores hebreus, gregos e romanos se referiam a eles como especialistas em ciências ocultas e como possuidores de poderes que poderiam, de acordo com as circunstâncias, ser empregados para fazer bem ou mal aos homens.

Moisés e Arão, deve-se lembrar, foram treinados no Egito; e a história dos cajados e serpentes, na qual eles derrotaram os Magos egípcios em seu próprio jogo, é apenas um exemplo de sua Magia do tipo egípcio. Seus cajados (Varinhas Mágicas) eram usados para transformar água em sangue, para conjurar sapos, piolhos, gafanhotos e granizo misturado com fogo. Moisés também foi capaz de comandar o recuo e o retorno do mar - um poder reivindicado pelos Magos egípcios muito antes de Moisés, pelo menos desde o tempo da Grande Pirâmide.

O Alcorão descreve Moisés franca e corretamente como um Mago. Os egípcios usavam imagens de cera da mesma maneira que os Magos europeus posteriores -, mas um exemplo é de particular interesse, pois a imagem não era a do indivíduo em questão, mas de uma espécie de intermediário em um feitiço de amor. Um homem desejando uma determinada mulher tinha que fazer uma imagem de um cachorro de cera misturada com piche e gravar algumas palavras de poder nela. Ele então colocava o cachorro em uma placa, também gravada com palavras de poder, e colocava a placa e o cachorro em um tripé. O homem então tinha que recitar os dois conjuntos de palavras de poder, e uma das duas coisas aconteceria. Ou a imagem do cão rosnaria e morderia o homem, e nesse caso ele não conquistaria a dama; ou o cão latia, e nesse caso ela viria até ele.

(Pode-se argumentar, não sem razão, que isso era de fato uma forma de autoexame. Se o homem soubesse subconscientemente que seu desejo pela dama era imprudente, ele projetaria esse conhecimento na crença de que o cachorro havia rosnado. Se ele soubesse em seu coração que o casamento desejado era promissor, ele acreditaria que o cachorro havia latido. De forma alguma uma abordagem insalubre para o problema.)

Por volta de 1100 AEC, mulheres do harém de Ramsés III fizeram imagens de cera dele na tentativa de provocar sua morte.

Muitos dos textos do *Livro Egípcio dos Mortos* (ver Bibliografia sobre Budge), que foram inscritos em papiros enterrados com o falecido, eram, na verdade, feitiços para protegê-lo contra os perigos da jornada para a vida após a morte. A grande esperança do falecido seria viajar pelo Céu no barco do Deus Sol Rá, o Barco de um Milhão de Anos, onde uma imagem do barco era desenhada com tinta verde especial em um pedaço de papiro, com as figuras de Ísis, Thoth, Shu e Khephera, bem como o falecido, mostrado navegando nele. Este papiro seria abençoado com palavras de poder e preso ao peito do falecido, mas não tocando o corpo.

Os atributos vitais do falecido seriam protegidos por feitiços de papiro como:

> Salve, Deus Tem, conceda-me o hálito doce que habita em tuas narinas... Eu cuido do Ovo da Grande Cacarejante; Eu germino como ela germina; Eu vivo como ela vive; minha respiração é sua respiração.

Os egípcios tinham uma forte crença no poder mágico das palavras, fossem escritas em papiro, pintadas nas paredes, inscritas em amuletos ou em talismãs ou faladas nos tons corretos. E o mais poderoso de todos eram os nomes de Deuses ou Deusas. O pensamento egípcio, certamente entre os cultos, sabia perfeitamente bem que havia apenas uma Fonte Divina final; seu enorme panteão de divindades representava rostos ou aspectos dessa Fonte e (como os Pagãos pensantes de hoje) personificavam vividamente esses aspectos e eram meticulosos em apelar para algo apropriado em qualquer situação.

Fatores malignos ou perigosos também eram personificados e, quando necessário, nomeados e diretamente abordados em fórmulas vinculativas. Por exemplo, um feitiço para proteção contra feras perigosas:

> Salve, senhor dos Deuses! Afaste de mim os leões do país de Meru, e os crocodilos que saem do rio, e as mordidas de todos os répteis venenosos que rastejam de seus buracos. Volte, ó crocodilo Mak, filho de Seth! Não se mova por meio de sua cauda! Não trabalhe suas pernas e pés! Não abra a boca! Que a água que está diante de ti se transforme em fogo consumidor [...]

E assim por diante. Essas palavras eram ditas sobre uma imagem do Deus Amon pintada em barro, com o crocodilo Mak sob seus pés.

O Faraó Nectanebo II (c. 359-341 AEC) tinha grande reputação como Mago, astrólogo e adivinho do futuro. Usando Magia simpática para ajudar suas forças navais, ele fez flutuar barquinhos de brinquedo representando os dois lados, com tripulações em miniatura. Em uma enorme tigela com água, ele proferiu palavras de poder para dar vida aos pequenos bonecos e depois usou os modelos em miniatura para decretar uma vitória egípcia. Nectanebo defendeu sua terra com sucesso por muitos anos, mas dizem que na última ocasião em que usou seu método da tigela com água contra uma ameaça combinada do Oriente, ele viu, para seu desânimo, que os Deuses do Egito estavam dirigindo as naves em miniatura dos invasores. Percebendo que os Deuses haviam ordenado que seu reinado estava no fim, ele se vestiu como um plebeu e fugiu para Pella, na Macedônia, onde se estabeleceu como médico e adivinho. O Egito foi dominado primeiro pelos persas e depois pelos Ptolomeus gregos; Nectanebo foi o último governante nativo do Egito Antigo.

A criação de imagens de cera parece ser tão antiga quanto a própria Magia. O poeta romano Ovídio fala da Bruxa Medeia: "Ela amaldiçoa as vítimas ausentes, molda imagens de cera e enfia alfinetes afiados nos fígados miseráveis". Ovídio descreve os feitiços de Medeia em grande detalhe em sua obra *Metamorfoses*.

Novamente Ovídio diz: "Meu corpo definha, condenado por uma droga da Tessália? Um feitiço ou erva me fere, desgraçado que sou? Ou uma Bruxa cravou meu nome em cera púnica ou enfiou agulhas finas em meu fígado?" (a Tessália tinha uma forte reputação em Bruxaria).

Os feitiços que Ovídio relata fazem grande uso do mágico número três: "Três vezes ela purifica o velho com chamas, três vezes com água e três vezes com enxofre... Três vezes ela o acariciou com a mão, três vezes ela proferiu feitiços".

O poeta romano Tibulo também enfatiza: "Cantar três vezes e cuspir três vezes depois de proferir os encantamentos".

Horácio faz sua Bruxa Candida usar uma imagem de cera para feitiços de amor. Teócrito diz o mesmo de sua Bruxa, Samaetha.

Eis um feitiço romano para banir a dor, escrito em um pedaço de papel pendurado no pescoço:

> Uma formiga não tem sangue nem bile;
> Fuja, úvula, para que um caranguejo não te coma.

Outro feitiço romano, para curar a gota, foi dado pelo autor Varrão (116-27 AEC). Deveria ser feito em jejum. Era preciso tocar a terra, cuspir para baixo e recitar:

> Ó Terra, guarde a dor,
> E a saúde permaneça onde eu for
> Com meus pés.

A Grécia era outro país com tradições de imagens de cera. Diz-se que Aristóteles deu a Alexandre, o Grande, uma caixa com várias figuras de cera pregadas viradas para baixo, representando os vários tipos de forças armadas que Alexandre poderia enfrentar. Ele nunca deveria deixá-la longe de sua mão, ou da mão de um servo de confiança. Sempre que a pegava ou largava, deveria recitar certas palavras sobre ela. Os inimigos que as figuras representavam seriam então impotentes de resistir a ele.

Segundo o historiador grego Xenofonte, o grande filósofo Sócrates acreditava firmemente no poder dos feitiços. Perguntado se ele "conhecia tais artes", ele respondeu: "Por meio de quais outras influências você acha que Apolodoro e Antístenes ficam comigo, e Cebes e Símias vêm até mim de Tebas? Eu não consigo isso sem muitos amuletos de amor, encantamentos e rodas mágicas".

Um costume natalino de se beijar sob o visco tem suas raízes em feitiços muito mais antigos. Sem dúvida, por causa de seu suco semelhante ao sêmen, o visco sempre foi um símbolo de fertilidade. Plínio recomendava particularmente para que as mulheres que desejassem conceber carregassem com elas visco que crescesse em um carvalho.

O visco também foi considerado como um abridor de fechaduras. Alberto Magno, o Mago do século 13, escreveu: "Esta erva chamada visco, com uma certa outra erva, que se chama Martegon, que é Silphion ou Laserpitium, como está escrito na língua Almans, abre todas as fechaduras". Outro tom fálico?

As associações Pagãs do visco são tão fortes que ainda é proibido levá-lo a uma igreja na maioria das paróquias. Uma exceção era em York Minster, na Idade Média, quando um ramo sempre era colocado no altar da véspera de Natal até a Noite de Reis.

Na antiga Babilônia, destruía-se um feitiço maligno invocando o Deus do fogo Gibil, enquanto se queimava uma cebola descascada e uma tâmara esmagada.

Um antigo feitiço chinês inscrito em uma espada:

> EU EMPUNHO A GRANDE ESPADA DOS CÉUS
> PARA CORTAR ESPECTROS EM SUAS FORMAS VIVAS;
> UM GOLPE DESTA LÂMINA DIVINA DISPERSA
> UMA MIRÍADE DESSES SERES.

Como explicamos em XIII Feitiços de Outras Terras, devido à natureza pictórica dos caracteres chineses, as palavras escritas ou inscritas sempre foram consideradas, na China, como de grande poder mágico.

Honi Ha Ma'agel, o Mago judeu do século 1 EC, é um dos primeiros usuários de Círculo Mágico já relatados. Ele o lançava e trabalhava dentro dele para conjurar chuva. Honi tinha essa reputação, por isso era conhecido como "o Desenhador do Círculo".

Um feitiço hebraico tradicional para banir a febre tomava o nome do demônio responsável e o entoava com repetidas reduções, assim:

Ochnotinos
Chnotinos
Notinos
Tinos
Inos
Nos
Os

À medida que o nome desaparecia, assim aconteceria com a febre.

Esse tipo de encantamento de nome decrescente também é encontrado em um sentido positivo - por exemplo, em um feitiço espanhol-mourisco, para garantir um marido, que fazia o mesmo com uma forma local do nome de Alá:

Ojala Ojal Oja
Oj
O

Neste caso, a ideia não era enfraquecer, mas concentrar o poder do Nome; perceba que a palavra não foi extirpada, mas reduzida passo a passo à uma única vogal, a inicial, que era considerada sua essência.

A palavra *Abracadabra*, muitas vezes citada como sinônimo de, ou como significado de, *mumbo-jumbo* ("qualquer coisa"), era de fato também um feitiço de redução de palavra, particularmente contra a febre.

Esse padrão de pirâmide pode funcionar nos dois sentidos. Um par de exemplos modernos são encontrados em *The Crone's Book of Days*, de Valerie Worth, (pp. 94-5); primeiro um feitiço para diminuir o poder de uma pessoa:

Para sua luxúria diminuir
E sua poeira ressequir,
O primeiro deve chamar,
O resto mirrar,
O último sussurrar:

NORODAROGOR
RODAROGOR
DAROGOR
ROGOR
OGOR
OR

Segundo, para aumentar o próprio poder:

Deite-se como falecido,
Então desperte envivecido;
Esta palavra deve se elevar
Para tua força vivificar:

OR
ORON
DORON
RODORON
GORODORON
ROGORODORON

Uma forma diferente de feitiço que segue o padrão de letras é representada pelo quadrado palindrômico SATOR, usado como um amuleto contra doenças e morte por fogo:

Sator
Arepo
Tenet
Opera
Rotas

Ele tem uma longa e curiosa história, que remonta pelo menos a um exemplo nas ruínas de Pompeia. Leo Louis Martello dedica todo um capítulo interessante a isso em seu livro *Witchcraft: The Old Religion.*

Mas voltando aos feitiços antigos em geral, o texto mágico sânscrito *Atharva Veda* dá um sortilégio para adquirir virilidade:

> Tu és a planta que Varuna desenterrou para ele por Gandharva,
> tu és erva potente e luxuriosa, que nós arrancamos.
> Ushas, Surya, Pragapati, todos estão comigo;
> todos me darão a força potente que procuro!
> Ó Indra, conceda este poder material; tem calor como o fogo.
> Como o antílope, ó Herb, tu tens toda a força que existe,
> como o irmão do grande Soma.

Varuna é um Deus do céu e da água; os Gandharvas são cantores no Céu da batalha e do Deus da chuva Indra, e têm uma afeição pelas mulheres; Ushas é a Deusa do amanhecer, Surya a Deusa do Sol e Pragapati o protetor daqueles que geram descendentes. Soma é o néctar dos Deuses, e também o próprio Deus, elo entre o Céu e a Terra.

O Alcorão dá um feitiço contra a Magia do mal:

> Eu me refugio no Senhor do Amanhecer
> do mal dos sopradores sobre Nós,
> e da maldade do invejoso quando inveja.

"Soprar em nós" era um método árabe favorito de trabalho com feitiços. Os nós eram amarrados em cordões de fios multicoloridos e não eram usados apenas de forma malévola: eles apareciam em feitiços para curar doenças ou banir feitiços malignos – embora mesmo isso, é claro, fosse desaprovado pela ortodoxia muçulmana. O autor romano Petronius (do tempo de Nero) também menciona o uso de fios multicoloridos para banir um feitiço maligno.

Atar nós sempre foi um método de alcançar a concentração mágica, e ainda é.

Os textos sagrados persas Avesta dão um feitiço contra o mal:

> Pega para ti uma pena do pássaro Varenjana de penas largas, ó Spitama Zaratustra. Com essa pena esfregarás o teu corpo, com essa pena amaldiçoarás teu inimigo. Aquele que tem um osso de ave poderosa ou uma pena de ave poderosa ganha o favor divino. Ninguém, por mais magnífico que seja, o fere ou o faz fugir.

Os antigos feitiços de amor indianos tendiam a ser bastante desinibidos. Aqui está o encantamento de uma mulher do Atharva Veda:

> Pelo poder e Leis de Varuna eu invoco a força ardente do amor, em ti, para ti. O desejo, o poderoso espírito do amor que todos os Deuses criaram nas águas, isso eu invoco, isso eu emprego, para garantir teu amor por mim! Indrani magnetizou as águas com esta força do amor. E é isso, pelas leis de Varuna, que faço queimar! Tu me amarás com um desejo ardente.

Varuna é um Deus do céu e da água que mantém a ordem no Universo. Sua esposa Varuni é a Deusa dos licores espirituosos, que nasceu da Agitação do Oceano (portanto, "criada nas águas"). Indrani (cujo nome significa "dos sentidos") é a Deusa do prazer sensual, a voluptuosamente bela esposa de Indra.

Vale lembrar, que os rituais sazonais, que de uma forma ou de outra devem ser tão antigos quanto a humanidade, são eles próprios feitiços - Magia simpática para ajudar o Sol e a Mãe Terra a manter seu ciclo interminável de fertilidade e repouso, retirada e renascimento.

Esses rituais sobreviveram teimosamente ao longo dos tempos, em tudo, desde o costume popular até o calendário cristão.

Sob visão racional pode parecer que essa Magia simpática não é mais necessária, porque, seja o que for que nossos ancestrais acreditassem, agora sabemos que ela não tem nenhum efeito sobre a rotação da Terra, a inclinação de seu eixo e sua órbita ao redor do Sol. Verdade o suficiente; mas o valor real de tais rituais não permanece o que sempre foi, fazendo Magia em nós mesmos, colocando-nos intimamente em sintonia com o ciclo da Natureza e os ritmos da Mãe Terra?

E isso não é mais importante do que nunca, agora que a urbanização, a superpopulação e os subprodutos da indústria nos afastaram desses ritmos a ponto de perigo global? Onde (por exemplo) a destruição das florestas tropicais e os danos à camada de ozônio ameaçam alterar o padrão do clima da Terra e a natureza das estações em questão em todo o mundo?

Celebrar ritualmente os marcos nesses padrões sazonais pode nos ajudar a compreendê-los, valorizá-los e preservá-los.

Os rituais do Solstício de Inverno estão entre os mais arraigados e carregados de intensidade de sentimento, porque marcam o que foi para a humanidade primitiva o momento mais perigoso de todos – quando tudo deve ser feito para garantir o renascimento do Sol, sem o qual todos pereceriam. Cada cultura e cada religião – particularmente nas latitudes setentrionais onde os extremos de verão e inverno são mais marcantes – saudaram adequadamente este ponto nodal do ano; e o cristianismo teve que seguir o exemplo. O nascimento de Jesus, o grande mestre palestino que o cristianismo divinizou em seu próprio Deus Sol, não tem data no Novo Testamento e foi inicialmente celebrado em vários momentos. No entanto, em 273 EC., a Igreja fixou o aniversário do "Sol da Retidão" no Solstício de Inverno, para que, como explicou São Crisóstomo "enquanto os Pagãos estivessem ocupados com seus ritos profanos, os cristãos realizassem seus sagrados sem perturbação".

Um feitiço do Solstício de Inverno que milhões observam, e que é inteiramente Pagão, refere-se a Árvore de Natal. Isso é pura Magia simpática - pegar uma árvore perene e carregá-la com flores e frutas simbólicas para evocar de volta a fertilidade.

O significado do feitiço de fertilidade da primavera dos ovos de Páscoa é evidente (embora o que é raramente percebido, é que a palavra "Páscoa"[3] deriva de Eostre, a Deusa Teutônica Mãe-Terra em seu aspecto de Donzela da primavera).

Solstícios de Verão ainda são celebrados com fogueiras no oeste da Irlanda e foi cristianizado muito vagamente, sendo anexado à véspera de São João, 23 de junho; mas (como descobrimos quando lá vivíamos) ele também é inteiramente Pagão em espírito, descendente direto do festival do fogo que marcava o zênite do ciclo do Sol. Como tal, é mais comemorativo do que mágico, mas o elemento mágico sobrevive no costume de conduzir o gado entre duas fogueiras para garantir sua saúde e produtividade - um costume também encontrado em outro grande festival do fogo, Beltane (do gaélico *Bealtaine*) ou "Véspera de Maio".

Poderíamos encher páginas com o significado mágico destes e de outros festivais de Imbolc (Candlemas, 2 de fevereiro), Lughnasadh (colheita, 31 de julho) e Samhain (Halloween, 31 de outubro)[4], para não mencionar os dois Equinócios, mas cobrimos isso em profundidade em nossos *Oito Sabbats para Bruxas*, e esperamos ter dito o suficiente aqui para mostrar nosso ponto de vista.

---

3. N. T.: *Easter* em inglês.

4. N. T.: no Brasil, Imbolc é celebrado no dia 01 de julho, Lughnasadh em 2 de fevereiro e Samhain no dia 30 de abril por estarmos no Hemisfério Sul.

XII

FEITIÇOS DA IDADE MÉDIA E POSTERIORES

Feitiços medievais podem ser estudados de duas fontes principais. Primeiro, os feitiços usados por pessoas comuns e por Bruxas campesinas, que chegaram até nós através do folclore, da ficção e do drama da época, e também dos registros dos julgamentos de Bruxas – esses registros, é claro, estão sujeitos a muita distorção (se um réu se referisse a um Deus Pagão, por exemplo, isso seria registrado como se referindo ao Diabo) e muitas vezes consistindo em declarações feitas sob tortura. Assim, a evidência que temos sobre o trabalho com feitiços de raiz medieval é, no mínimo, de segunda mão.

A segunda fonte é de primeira mão – dos grimórios ou "gramáticas" de rituais mágicos.

O mais famoso e influente desses grimórios é a *Clavícula de Salomão*, ou, considerando o título completo, *Clavicula Salomonis, a Chave de Salomão, o Rei*. A primeira menção conhecida da *Clavicula Salomonis* está em um panfleto de 1456. Existem várias versões, muitas delas como manuscritos latinos, franceses ou italianos (afirmando ter sido traduzido do hebraico) no Museu Britânico. Foi a partir desses manuscritos que MacGregor Mathers editou a primeira tradução para o inglês, publicada em 1888. A edição atualmente disponível da tradução de Mathers foi publicada por Routledge & Kegan Paul em 1972, com prefácio de Richard Cavendish. As referências de página fornecidas abaixo são desta edição. O próprio Mathers (p. VIII) não viu "nenhuma razão para duvidar" da tradição de que a *Clavícula* foi originalmente obra do Rei Salomão. Mas como Cavendish aponta (p. v): "Aquele monarca luxuoso do século 10 AEC era famoso por sua sabedoria e por seu interesse doentio por mulheres estrangeiras e Deuses Pagãos, mas é improvável que ele tenha compartilhado a preocupação da *Clavícula* com demônios que habitam um inferno de data muito posterior".

Disso, a *Clavícula* tem muito. Na verdade, todo o trabalho (como a maioria dos grimórios medievais) usa terminologia cristã por toda parte e sustenta que o poder do Mago vem de Deus, mesmo quando ele está trabalhando para destruição, morte... ou "para preparar pós provocadores de loucura" ou para outros fins de moralidade inferior à celestial (Cavendish p.v). Demônios e anjos são convocados e ordenados a cumprir os comandos do Mago, assim como Salomão disse ter recrutado legiões de demônios, sujeitos ao poder de seu anel mágico dado por Deus, para ajudar a construir o Templo de Jerusalém.

Os babilônios e mais tarde os árabes tinham a mesma visão – que, como os demônios eram menos poderosos que Deus, se alguém conhecesse as Palavras de Poder corretas, poderia ordenar que trabalhassem, mesmo que sem vontade, para fins construtivos. (Demônios invocados foram ordenados pelo menos a parecerem respeitáveis, de acordo com a *Clavícula*. Em uma poderosa conjuração (p. 30) o Mago os ordena, por uma longa lista de Nomes de Deus: "Venham imediatamente sem qualquer hediondez ou deformidade perante nós, venham sem aparência monstruosa, em uma forma ou figura graciosa".)

Existem vários feitiços na *Clavícula*, cada um precedido por longas conjurações invocando Deus e vários espíritos. Um típico (p. 49) é descobrir quem cometeu um roubo. Uma peneira é suspensa por uma corda "com a qual um homem foi enforcado", com certos sinais escritos em sangue dentro de sua borda. Sob ela é colocada uma tigela de latão com água da fonte, e as palavras "*Dies mies yes-chet bene done fet Donnima Metemauz*" são pronunciadas. A peneira é então girada com a mão esquerda e a água na tigela gira na direção oposta, com um ramo de louro verde na mão direita. A peneira e a água são então deixadas para descansar, e quando ambas estão paradas, o Mago deve olhar fixamente na água, onde ele verá o rosto do ladrão. Para ter a certeza de que ele o reconhecerá em carne e osso, ele marca esta imagem com sua Espada Mágica, e "... aquele sinal que tu cortarás na água, será realmente encontrado depois disso sobre a própria pessoa".

Um feitiço de invisibilidade (p. 52) envolve instruções detalhadas para a confecção e inscrição de uma imagem de cera amarela de um homem, que você carrega no bolso esquerdo, dizendo: "Venha a mim e nunca me abandone por onde quer que eu vá", sempre que quiser ir a algum lugar sem ser visto.

Ativistas dos direitos dos animais podem aprovar o feitiço que imediatamente segue este, "Para impedir um esportista de matar qualquer jogo", a não ser pelo fato de envolver escrever caracteres mágicos com o sangue de uma galinha preta na pele de uma lebre.

Outros feitiços da *Clavícula* incluem se tornar mestre de "um tesouro possuído pelos espíritos", para buscar favores e amor e para "operações de zombaria, invisibilidade e engano".

A *Clavícula* dá um procedimento (p. 55) para tornar um tapete, tecido de lã branca nova durante a lua cheia, em um tapete mágico; não do tipo das Mil e uma Noites para voar, mas um tapete no qual se senta para produzir enunciados oraculares. A invocação é:

> AGLA, AGLA, AGLA, AGLA! Ó DEUS TODO-PODEROSO, TU ÉS A VIDA DO UNIVERSO, E GOVERNAS SOBRE AS QUATRO PARTES DESSA IMENSA ÁREA, ATRAVÉS DO PODER DO *TETRAGRAMMATON*, TEU SANTO NOME: YOD, HE, VAU, HE! ABENÇOE ESTE TAPETE EM TEU NOME, COMO ABENÇOASTE O MANTO DE ELIAS NAS MÃOS DE ELIAS; PARA QUE, COM TUAS ASAS, EU POSSA SER PROTEGIDO CONTRA TODOS; ELE TE ESCONDERÁ DEBAIXO DE SUAS ASAS E DEBAIXO DE SUAS PENAS VOCÊ CONFIARÁ, E SUA VERDADE SERÁ SUA PROTEÇÃO.

Tetragrammaton (palavra grega que significa "quatro letras") é o Nome de Deus como uma fórmula cabalística – as consoantes do Nome secreto que só podia ser pronunciada uma vez por ano pelo Alto Sacerdote no Santo dos Santos do Templo de Jerusalém. Tentativas de vocalizá-lo produziram os nomes "Yahweh" e "Jeová".

Certos elementos na *Clavícula* sem dúvida influenciaram os rituais da importante fraternidade mágica da Golden Dawn, da qual o próprio Mathers foi líder na virada do século (embora mais tarde deposto por causa de suas tendências tirânicas).

A autenticidade de alguns grimórios supostamente antigos – como o Grimório da Papa Honório, o Grande (de maneira suposta escrito pelo Papa Honório III e condenado por escritores católicos como falsificação), o *Grimorium Verum* (que se diz ter sido publicado por Alibeck, o egípcio em Memphis, em 1517) e o Grimório Secreto de Turiel (vendido a Marius Malchus por um padre excomungado, em Las Palmas, em 1927) é muito mais questionável. Para os dois primeiros e outros, vale a pena ler *A Tradição Secreta da Magia*, de Idries Shah.

No entanto, aqui estão um ou dois feitiços de escritores medievais genuínos.

O Mago do século 13, Albertus Magnus, tinha este encantamento para banir doenças:

Ofano, Oblamo, Ospergo.
Ola Noa Massa.
Lux, Beff, Cletemati, Adonai,
Cleona, Florit.
Pax Sax Sarax.
Afa Afca Nostra.
Cerum, Heaium, Lada Frium.

E ainda mais misteriosamente enigmático, três feitiços de Johann Weyer em seu *De Praestigiis et Incantationibus ac Veneficiis* (1568). Primeiro, um feitiço para curar a dor de dente: *"Galbex, galbat, galdes, galdat"*. E para proteção contra a hidrofobia, um pedaço de pão com as seguintes palavras:

Irioni khirioni, effer
Khuder fere.

Ou para curar a hidrofobia, um pedaço de maçã com a inscrição:

HAX, PAX, MAX,
DEUS ADIMAX.

(Esperamos que não seja necessário enfatizar, hoje em dia, que se a hidrofobia - raiva - for detectada ou suspeitada, a polícia e os serviços médicos devem ser contatados o mais rápido possível; e o feitiço deve se concentrar em apoiar seus esforços.)

Vamos olhar agora para a outra extremidade da escala e ver o que pode ser encontrado de raízes e feitiços das Bruxas na Idade Média.

Shakespeare viveu e escreveu logo após o que é geralmente considerado como a Idade Média, mas as tradições que estamos levando em conta ainda estavam muito vivas; assim, suas três Bruxas em *Macbeth* podem ser consideradas um excelente exemplo da imagem da Bruxaria no drama ou na literatura da época.

À primeira vista, além da alta qualidade de seus escritos, estão feitiços com estereótipos convencionais. Um deles se orgulha de matar o gado. Os ingredientes de sua famosa poção mágica "filé de cobra do pântano", com seus horríveis itens animais e humanos, refletem isso - embora se deva lembrar que muitas dessas fórmulas eram frequentemente códigos para ingredientes menos horrendos, para assustar os curiosos. Por exemplo, "língua de cachorro" e "garfo de víbora" são simplesmente as ervas língua-de-cão (*Cynoglossum*) e língua--de-víbora (*Ophioglossum*), muito usadas contra mordidas de cachorro e cobra, respectivamente.

Mas há indícios de que Shakespeare pode ter tido uma imagem da Bruxaria do campo mais nítida do que a propagada pelos perseguidores oficiais. Estes não estavam, por exemplo, interessados em Deusas; eles estavam obstinados a provar fidelidade a Satanás. No entanto, não há menção de Satanás como senhor das três Bruxas de Shakespeare. Sua senhora era Hécate, a Deusa das Bruxas, que veio e as repreendeu porque:

> [...] tudo o que fizeram até agora
> foi feito para um filho intolerante,
> ingrato e odioso que, como outros,
> não ama vocês nem um pouco.

A elas são creditadas tanto a capacidade de conjurar ventos quanto o poder de se tornarem invisíveis (as instruções de palco de Shakespeare sempre dizem "Saiam..." para os mortais comuns, mas para essas três é sempre "Bruxas, desapareçam").

E a adivinhação – dramatizada como a capacidade de evocar aparições, mas o princípio é o mesmo. Em seguida elas encontram o "filho rebelde" após a repreensão de Hécate e apresentam a ele previsões verdadeiras que descobriram. O que ele faz com essas previsões é assunto particular. Se sua ambição e visão o fizerem interpretar as previsões à sua maneira sem entender os avisos, os resultados ficarão em sua própria cabeça. Todo clarividente, leitor de tarô ou adivinho já encontrou clientes assim.

Shakespeare também aborda, em *Sonho de uma Noite de Verão*, a mudança de forma. Puck fala das ocasiões...

> Ao usar um cavalo qual montaria
> Ele relincha como uma potra;
> No copo da atrevida, vez por outra,
> Escondo-me como uma maçã assada,
> Quando ela bebe, dou-lhe uma pisada,
> Derrubando em seu pescoço a cerveja.
> A velha, ao contar coisas de igreja,
> Confunde-me, às vezes, com um banco;
> Então saio ligeiro e ela leva um tranco.

Aliás, o contemporâneo de Shakespeare, Ben Jonson, também colocou em versos a reunião das Bruxas em sua obra *Three Witches' Charms*:

DAMA, DAMA! O RELÓGIO ESTÁ NO PONTO:
VENHA RÁPIDO, ESTÁ TUDO PRONTO.
DOS LAGOS E DOS PÂNTANOS QUE EVOCAS,
DAS ROCHAS E DAS TOCAS,
DOS BOSQUES E DAS CAVERNAS ESCURAS,
DOS ADROS, DAS SEPULTURAS,
DO CALABOUÇO, DA ÁRVORE E SEUS RAMOS
PELA QUAL DÃO A VIDA, AQUI NÓS ESTAMOS!
ELA AINDA NÃO CHEGOU?
O CALOR GOLPEOU!

Sobre a questão dos feitiços de invisibilidade, como citado anteriormente na *Clavícula*, muitos relatos de testemunhas em julgamentos de Bruxas, é claro, foram simplesmente inventados para implicar que o acusado estava presente no crime, embora ninguém o tenha visto. Mas e quanto aos feitiços de invisibilidade que eram praticados e acreditados pelos feiticeiros?

Alguns deles podem ter sido hipnóticos, para convencer as pessoas interessadas de que não podiam ver alguém que estivesse, de fato, fisicamente ali; qualquer hipnotizador competente pode fazer isso hoje, embora seja outra questão a ser considerada se alguns feiticeiros psiquicamente poderosos podem fazê-lo em um nível telepático.

Mas se a maioria desses feitiços teria sido realmente para alcançar imperceptibilidade em vez de invisibilidade (pelo princípio de que o melhor lugar para esconder uma agulha não é no palheiro, mas em uma fábrica de agulhas), tal feitiço afetaria o comportamento e a atitude do próprio trabalhador para esse fim, e não o de outras pessoas.

Os feitiços de invisibilidade são muitos e variados, mas encontramos apenas um feitiço de inaudibilidade. Na guerra entre os clãs das *Highlands* escocesas, costumava-se acreditar que, quando um ataque era planejado, o chefe podia pegar um raminho de teixo da igreja com a mão esquerda e denunciar o inimigo - que então seria incapaz de ouvi-lo, embora todos os outros pudessem. Os atacantes teriam assim a vantagem da surpresa, mas poderiam alegar depois, que o aviso justo foi dado em alto e bom som!

Uma alternativa para ficar invisível para os outros é mandá-los dormir e, para isso, um dispositivo horrível, conhecido como "Mão da Glória" é referido em julgamentos de Bruxas. Tratava-se de uma mão de um homem enforcado, espremido de sangue e conservado por duas semanas com sal, salitre e pimentas longas. Em seguida, a mão era tostada ao sol ou seca em forno com verbena e samambaia. Velas seriam então presas aos seus dedos - feitas de acordo com uma receita, a partir da gordura de um enforcado, cera virgem e gergelim da Lapônia. Dizia-se que quando essas velas eram acesas, um ladrão poderia levar a "Mão" para dentro de uma casa que todos os seus ocupantes adormeceriam, enquanto ele os roubava à vontade. (Uma crença semelhante costumava ser realizada na Irlanda - que se velas acesas fossem colocadas na mão de um cadáver durante um velório, todos os enlutados adormeceriam e a casa poderia ser roubada.)

Em outros julgamentos, foi alegado que, enquanto as velas de uma Mão da Glória estavam acesas, as Bruxas podiam realizar poderosas magias malévolas.

O valor mágico da mão de um enforcado se estendia à corda que o enforcava: que deveria ter poderes curativos - por exemplo, para dores de cabeça, se um pedaço dela fosse usado na cabeça ou no chapéu. Na Rússia, carregava-se uma peça no bolso para dar sorte no jogo. Os carrascos costumavam obter lucros colaterais úteis com a venda de pedaços dessas cordas.

Uma mão morta não precisava pertencer a um criminoso executado ou a um suicida para ser curativa, embora esses dois tipos fossem os mais poderosos. Acariciar a parte afetada com a mão de um cadáver comum acreditava-se ser efetivo. Na Cornualha, depois de tais carícias terapêuticas, deixava-se cair no caixão durante o enterro o curativo que cobria o ferimento; mas a cura só funcionaria se o cadáver não fosse de um parente próximo. Em alguns lugares, a mão de um homem morto era necessária para curar uma mulher e vice-versa.

Até mesmo algo que esteve em contato com a mão de um cadáver – como um anel tirado dela, ou um pedaço de pão com manteiga que foi colocado sobre ela – acreditava-se que carregava uma carga de cura.

Mas retornando ao corpo vivo, o cabelo sempre foi considerado magicamente poderoso. A história bíblica de Sansão e Dalila consagra essa crença antiga, embora se acreditasse que o cabelo das mulheres era ainda mais poderoso que o dos homens.

Nos dias de perseguição, Bruxas suspeitas eram frequentemente raspadas de todos os pelos do corpo para privá-las de seus poderes mágicos. Em vários casos, foi alegado que mulheres que teimosamente se recusavam a confessar de repente admitiram tudo depois que seus pelos do corpo foram removidos. Arnold e Patricia Crowther dedicaram todo um capítulo interessante ao assunto em seu livro *The Secrets of Ancient Witchcraft* (ver Bibliografia). Eles citaram (p. 32) um caso do século 20 na Espanha, de uma mulher que procurou uma Bruxa de renome, porque seu marido estava sendo infiel. A Bruxa estava disposta a preparar um amuleto de amor, para o qual ela exigia alguns pelos da axila da mulher. Não foi possível, porque ela sempre depilava as axilas.

A Bruxa ficou horrorizada e disse a ela: "Não posso fazer mais nada por você. Volte para mim quando seus pelos crescerem novamente. Seu ato estúpido provavelmente fez com que você perdesse seu marido".

Cética, a mulher fez o que lhe foi dito, voltando dois meses depois com o cabelo necessário. Seu marido voltou para ela e nunca mais se desviou.

Os curandeiros aborígenes australianos amarram o cabelo das mulheres aos ossos pontudos de seus mortos, acreditando que é o cabelo que é a fonte de poder, sendo o osso um mero veículo para ele.

Em alguns países, as Bruxas tingem seus pelos pubianos de vermelho brilhante, para aumentar seu poder de espantar os maus espíritos.

Este conceito se sobrepõe à crença de que demônios e fantasmas são assustados por genitais expostos – uma crença compartilhada por alguns cristãos. Martinho Lutero, atormentado por visões noturnas de Satanás, expôs seus genitais e nádegas para exorcizá-lo. E esta parece ser a explicação das surpreendentes esculturas encontradas em muitas igrejas medievais, conhecidas como *Sheila-na-gigs* (*Sheela na Gig*), figuras femininas nuas agachadas exibindo genitais exagerados. Seu propósito era desencorajar os espíritos malignos de invadir o solo sagrado.

A aversão dos demônios e dos fantasmas aos genitais expostos era muitas vezes referida como estendendo-se ao corpo nu como um todo; e os Crowthers (ibid., p. 35) sugerem que esta pode ser uma das raízes da nudez ritual: "Uma das razões pelas quais as Bruxas trabalham nuas no círculo é a de manter as entidades malignas afastadas, e os rituais realizados nus são mais livres de elementais problemáticos do que aqueles realizados com mantos ou alguma outra forma de vestimenta".

Uma acusação muito levantada pelos perseguidores medievais era a de que as Bruxas celebravam a Missa Satânica, uma caricatura blasfema e descaradamente sexual da Missa Católica, mas isso era pura invenção.

Como Rossell Hope Robbins coloca (*The Encyclopaedia of Witchcraft and Demonology*, p. 50), "... a missa satânica, como algo que historicamente ocorreu, é uma das maiores fraudes intelectuais já impostas ao público leigo. Era natural que os inquisidores e os caçadores de Bruxas leigos que os imitavam pensassem em Bruxaria em termos inversos à religião que conheciam; a Bruxaria tornou-se uma paródia consciente do cristianismo".

De fato, missas amorosas (isto é, encantamentos de amor) há muito eram uma característica aceita, ainda que bizarra para o pensamento moderno, da prática ortodoxa da Igreja; e pelos nobres da corte francesa do século 17, sem nenhum segredo, contrataram cinquenta ou sessenta padres para conduzir missas descaradamente eróticas para fins mágicos. Tanto essas como as missas mortuárias para atrair a morte de alguém não eram consideradas heréticas e, no máximo, resultaram no banimento dos leigos e padres envolvidos.

Robbins aponta (ibid., p. 51) que, não até o século 19, "... algumas mentes rebeldes criaram a Missa Satânica como é pensada hoje, um serviço dedicado ao anticristo, ou uma suposta relíquia do antifolclore cristão".

Não foi apenas a Bruxaria malévola que os perseguidores condenaram. Por exemplo, a Ilha do Canal de Jersey, em 1591, aprovou um decreto proibindo as pessoas de buscar "assistência de Bruxas e adivinhos em seus males e aflições" sob pena de um mês de prisão a pão e água.

A lei civil inglesa na Idade Média não condenava a Bruxaria benevolente – isto é, a Magia funcionava para fins de cura –, mas a partir dos anos 900, a lei eclesiástica punia todo trabalho mágico, incluindo os curativos, com excomunhão, e os culpados eram entregues às autoridades civis para execução.

Uma visão oficial passou a prevalecer afirmando que as Bruxas boas eram tão condenáveis quanto as más, porque ambas extraíam seu poder do Diabo. Então, na verdade, a Bruxa benevolente e curadora era mais perigosa do que maligna, sendo mais propensa a levar o inocente ao erro.

Como o escritor puritano William Perkins declarou em 1608: "Embora a Bruxa fosse útil em muitos aspectos, e não prejudicasse, e buscasse o bem, ainda assim, porque renunciou a Deus, seu rei e governador, e se comprometeu por outras leis ao serviço dos inimigos de Deus e de sua Igreja, a morte é sua porção justamente atribuída a ela por Deus; ela pode não viver".

O relatório do julgamento das Bruxas de Ursula Kemp, em St. Osyth, em 1582, inclui o que parece ser um relato razoavelmente preciso de um feitiço de cura para a artrite que uma sábia lhe deu. Ela teve que: "... pegar esterco de porco e charnell[5] e colocá-los juntos e segurá-los na mão esquerda, e pegar na outra mão uma faca e picar o remédio três vezes e depois jogar o mesmo no fogo e pegar a dita faca e fazer três picadas debaixo de uma mesa, e deixar a faca enfiar ali. E depois disso, tomar três folhas de sálvia e o mesmo tanto de erva-de-são-joão (aliás erva-graça) e colocá-las em cerveja, e beber isso ao menos à noite e em primeiro lugar pela manhã; e que ela tomando isso melhorou sua claudicação".

Ursula Kemp foi condenada e executada.

5. N. T.: provavelmente cerefólio.

Do lado malévolo, o julgamento das irmãs Margaret e Philippa Flower, em Lincoln, no ano de 1618, envolveu o assassinato de Henry, Lord Rosse, filho do conde de Rutland (de cujo serviço foram demitidos), pelo uso de um item de sua propriedade pessoal, e também envolveu um gato familiar.

Philippa confessou que ela trouxe do Castelo a luva da mão direita de Lord Henry Rosse, que ela entregou a sua mãe, que logo a esfregou nas costas de seu familiar Rutterkin; e em seguida colocou-a em água fervente. Depois, ela a espetava com frequência e a enterrou no quintal, desejando que Lorde Rosse nunca pudesse prosperar. E assim sua irmã, Margaret, continuou com sua mãe, onde muitas vezes via o gato, Rutterkin, pular em seu ombro e chupar seu pescoço.

Este último item era típico. As Bruxas deveriam ter familiares, geralmente tomando a forma de animais domésticos, mas que eram, na verdade, demônios que amamentavam nos mamilos (que Satanás lhes dera) escondidos em várias partes de seus corpos. A busca por essas "marcas de Bruxas" era uma característica regular do exame do acusado, e o destino de muitas mulheres era selado pela descoberta de uma pinta, uma verruga ou outra mancha perfeitamente natural.

Na Finlândia, onde o cristianismo não chegou até 1157, a perseguição às Bruxas nunca atingiu o nível de histeria e crueldade que atingiu a maioria dos países da Europa, exceto por um breve surto em uma área sob influência sueca. A Bruxaria e a Feitiçaria eram condenadas por lei, mas dentro de seus próprios termos, essa lei era aplicada com sensatez e calma. Apenas a *maleficia* – feitiço para fazer mal – era punível com a morte; profetizar e algumas práticas Pagãs, como fazer sacrifício às árvores, por exemplo, apenas incorriam em multas.

Uma atitude típica foi a do bispo Fsak Rothovius, pregando na Universidade de Turku, em 1640: "Quando as pessoas adoecem, elas procuram ajuda do diabo colocando figuras de cera, velas, peles de esquilo e outras coisas no altar, e em certos dias sacrificam ovelhas e cabras" –, mas tais métodos de cura ele lamentou como sendo superstição, não como heresia.

As Bruxas finlandesas tinham a fama de vender ventos aos marinheiros, como veremos no Capítulo XVIII Feitiços para o Clima.

Na Europa em geral, feitiços e encantamentos de cura eram permitidos, aparentemente, desde que fossem expressos em termos cristãos. Um exemplo inglês do século 15, para parar de sangrar: "Quando Nosso Senhor Jesus Cristo foi colocado na cruz, então Longius veio com sua lança e o perfurou de lado. Sangue e água saíram da ferida. Longius enxugou os olhos e viu um homem através da santa virtude que Deus mostrou ali. Eu te conjuro, sangue, que você não saia deste homem cristão".

Tais encantamentos não eram aceitáveis em todos os países da Europa. Na Noruega, em 1670, Ole e Lisbet Nypen foram acusados de usar feitiços e encantamentos de cura, um dos quais era curar a gripe: "Cristo caminhou até a igreja com um livro na mão. Veio a própria Virgem Maria caminhando. – ***Por que você está tão pálido, meu filho abençoado***? – Ele respondeu: ***Peguei uma gripe forte***. – ***Eu te curo de uma gripe poderosa, gripe da tosse, gripe intestinal, gripe das costas, gripe do peito, da carne aos ossos, para a praia e destroços, em nome do Pai, Filho e Espírito Santo***".

Os Nypen foram condenados por quatro acusações, a principal das quais foi tomar o nome do Senhor em vão, e foram condenados a serem queimados.

Até mesmo São Tomás de Aquino aprovava relutantemente talismãs e amuletos: "Colocar palavras sagradas no pescoço, desde que não contenham nada falso ou suspeito, certamente não é ilegal, embora seja melhor abster-se".

A Escócia era menos tolerante; lá, o uso de feitiços era punido com a fogueira até a morte.

O *Malleus Maleficarum,* de Kramer e Sprenger (1486; ver Bibliografia sob Kramer), notório manual para perseguidores de Bruxas, especificava exatamente o que constituía um feitiço permissível. Ele devia especificar:

1. Nenhuma sugestão na redação de qualquer pacto com o Diabo (e nenhuma intenção do usuário).
2. Sem nomes desconhecidos.
3. Sem inverdades.
4. Nenhum ritual além do Sinal da Cruz.
5. Nenhuma crença no poder da maneira de escrever, portar ou usar um amuleto.
6. Apenas citações bíblicas em seu contexto original.
7. Afirmações de que a eficácia do encanto dependia inteiramente da vontade de Deus.

Essas cláusulas – em particular a 2, 3 e 5, e os parênteses da cláusula 1 – parecem ter deixado bastante margem para a interpretação dos juízes.

Na Inglaterra, aliás, lançar o horóscopo de um monarca (exceto, é claro, por ordem real e confidencialmente) era definido como alta traição, porque os inimigos podiam fazer uso de seus aspectos desfavoráveis.

Das cerca de 10 milhões de pessoas executadas em toda a Europa durante a perseguição às Bruxas, cerca de noventa por cento eram mulheres, e o *Malleus Maleficarum* certamente deve ter sua parcela de culpa por isso. Para começar, o título significa *Martelo das Bruxas*[6] – e a palavra *maleficarum* ("das Bruxas") é feminina em gênero; e ao longo dele o praticante de Bruxaria é referido apenas como "ela". Eis a opinião do livro sobre as mulheres: "O que mais é uma mulher senão uma inimiga da amizade, um castigo inescapável, um mal necessário, uma tentação natural... um perigo doméstico, pintada com cores claras.... A primeira mulher foi formada de uma costela dobrada.... E como por esse defeito ela é um animal imperfeito, ela sempre engana". Os autores até afirmaram que a palavra *femina* veio de *fé* e *minus* – significando assim "falta de fé"!

Para encerrar este capítulo, vejamos um dos julgamentos de Bruxas mais famosos de todos, o de Isobel Gowdie, na Escócia, em 1662, que tem elementos mais interessantes do que a maioria.

6. N. T.: no Brasil ficou conhecido como *O Martelo das Feiticeiras*.

Esse julgamento está aberto a muitas interpretações: em um extremo, a de que suas quatro confissões separadas (feitas aparentemente sem tortura) eram pura fantasia; e, por outro, de que ela estava relatando, embora por meio de sua própria imaginação vívida e crédula, as atividades e a estrutura de um Coven real.

Robbins (ibid., p. 232) diz que Isobel "... parecia claramente demente, embora por suas declarações seja claro que ela acreditava no que confessou, não importa o quão impossível (como transformar-se em uma gralha ou em um gato, e voar através do ar para um Sabbat)".

Bruxas e ocultistas modernos podem muito bem considerar a possibilidade de que Isobel e seus juízes, com toda a sinceridade, estivessem pensando em duas línguas diferentes; eles em termos de verdade literal, física, e ela em termos de experiências psíquicas deliberadamente buscadas e genuínas (que não são de forma alguma a mesma coisa que demência).

Isobel disse que pertencia a um Coven de treze, liderado pelo "diabo". Os juízes, é claro, identificariam essa figura com Satanás; mas há muitas evidências de que as Bruxas usaram este termo para descrever o líder masculino de um Coven – a palavra deriva da mesma raiz etimológica muito mais antiga de "Deus" ou "divino", ou sendo usada como uma rejeição deliberada da Igreja, em vez de um sinal de fidelidade ao mal.

Nunca se deve esquecer que as Bruxas corriam perigo de vida. Os Covens garantiriam, sem dúvida, que os novos iniciados destruíssem suas conexões cristãs prévias e que a reversão e a traição significariam condenar a si mesmos, assim como a seus companheiros.

O líder do Coven (que naqueles dias era geralmente, embora nem sempre, do sexo masculino) seria considerado pelos membros como representante do Deus. Ele é descrito como sendo disfarçado de animal, como um homem negro ou como um homem vestido de preto. Sobre este assunto, veja *O Culto das Bruxas na Europa Ocidental*, de Margaret Murray, Capítulo II.

Certamente, o "diabo" de Isobel era claramente um homem. Ele a iniciou, disse ela, na igreja de Auldearne, em 1647, quando ela negou seu batismo cristão e ele a rebatizou com seu próprio sangue, que ele sugou dela. (Ele também deu a ela o nome de Bruxa Janet!) Ele governava seu Coven com firmeza, batendo neles com cordas quando seu trabalho não alcançava os padrões que ele exigia ou se faltassem a uma reunião do Coven.

Isobel afirmava que, quando ia ao Sabbat, deixava uma vassoura ou um banquinho na cama para iludir o marido. Pode-se perguntar se ele estava realmente iludido ou simplesmente entendeu a mensagem e sabia quando não fazer perguntas.

Um elemento que soa muito genuíno no testemunho de Isobel é sua constante citação de versos usados em feitiços. Por exemplo, o Coven levantaria um vento batendo em uma pedra com um pano molhado e cantando:

> Este trapo sobre esta pedra eu bato,
> Para levantar este vento em nome do Diabo.
> Ele não vai descansar,
> Até quando novamente eu deixar.

Ou para um feitiço de mudança de forma:

> Na forma de uma lebre eu vou então,
> Com tristeza, suspiro e um pouco de atenção.
> Em nome do Diabo eu devo ir certamente,
> Enquanto volto para casa novamente.

O que seria revertido por:

> Lebre, lebre bela, Deus te guie com cautela.
> Estou semelhante a uma lebre agora,
> Mas estarei na forma de uma mulher em breve e sem demora.

O registro do julgamento de Isobel Gowdie não dá o veredicto ou a sentença, mas na atmosfera escocesa da época há poucas dúvidas sobre seu destino. E enquanto na Inglaterra as pessoas condenadas como Bruxas eram enforcadas, na Escócia elas eram queimadas na fogueira.

XIII
FEITIÇOS DE OUTRAS TERRAS

Michel Raoult, um amigo bretão atualmente estacionado na África, envia-nos um interessante feitiço de Burundi, para escapar de um inimigo perseguidor. "Enquanto corre, jogue atrás de você, por cima do ombro, primeiro um ovo, depois uma pedrinha e finalmente uma vassoura. O ovo se transformará em uma poça, o seixo em uma montanha e a vassoura em um emaranhado de espinhos, o que deve ser suficiente para detê-lo". Moral: nunca saia sem seu kit de fuga com um ovo, uma pedrinha e uma vassoura!

Não podemos resistir a acrescentar um feitiço bretão que Michel nos passou:

> *DEUIT GANIN-ME DA GOMPEZENN AL LEVENEZ*
> *O! MAR GOUFEC'H E TEUFEC'H 'VIT ATAO!*

Não é um feitiço humano, mas um encantamento de uma das *femmes du Sid* (mulheres fadas). Isso significa:

> VENHA COMIGO PARA A PLANÍCIE DA ALEGRIA.
> OH! SE VOCÊ SOUBESSE, PARA LÁ SEMPRE IRIA!

Se você ouvir isso, cuidado; ela está tentando encantá-lo para a Terra da Eterna Juventude (que os gaélicos chamam de *Tir na nÓg*), e se você sucumbir, nunca mais será visto no mundo comum. Por todos os relatos, porém, pode valer a pena.

Diana da Holanda nos manda um feitiço holandês para se livrar dos soluços. Traduzido, ele diz:

> EU TENHO A ANDORINHA.
> EU TENHO ISTO,
> EU A DOU PARA OUTRA PESSOA,
> QUE PODE LIDAR COM ISSO.

Ela nos diz: "As crianças costumam usar esse feitiço, dizendo-o cada vez mais rápido".

(Não muito diferente do feitiço inglês de "comprar" uma verruga. Você cura a verruga de outra pessoa, comprando-a por um centavo. E então você corta uma batata ao meio, seu paciente enfia um centavo na metade dele e você enterra a sua outra metade - a verruga será eliminada com ela. É surpreendente a frequência com que isso funciona.)

Feitiços de Vodu não costumam ser feitos na Grã-Bretanha, mas enquanto ainda morávamos em Londres, encontramos um caso interessante.

Um jamaicano e sua esposa branca tinham dois filhos adoráveis e eram uma família muito feliz. Mas então uma mulher das Índias Ocidentais voltou seus olhos para o marido jamaicano - não estava claro se era por amor genuíno ou porque ele tinha um emprego bem pago e era bonito. Gradualmente, o marido tornou-se letárgico e doente, e em geral não era ele mesmo. A esposa, que era psiquicamente sensível, sentiu que algo estranho estava acontecendo. Então, de repente, e completamente fora de si, o marido disse a ela que a estava deixando por outra mulher.

A esposa manteve a calma e pediu o conselho de uma amiga das Índias Ocidentais. A amiga aconselhou-a a examinar o jardim ao redor de sua casa. Ela fez isso e encontrou um círculo de sal grosso e pontas de charuto, que ela relatou a sua amiga. A amiga imediatamente entrou em contato com uma velha senhora de sua família na Jamaica, que disse o que a esposa deveria fazer. Então, seguindo o conselho, a esposa juntou todo o sal e as pontas de charuto que encontrou no jardim e misturou-os com mais sal que ela mesma comprou. Ela também foi instruída a comprar alguns charutos de boa qualidade e algumas penas pretas de galo; estas ela conseguiu obter de seu açougueiro, com a desculpa de que precisava deles para uma fantasia.

Então ela teve que ir, à meia-noite, esconder-se no jardim da mulher que estava atrás de seu marido e fumar os charutos. Ela se sentiu tola e (sendo uma não fumante), um pouco doente, mas cumpriu suas ordens. Ela rasgou suas próprias pontas de charuto e as adicionou à mistura, que então espalhou em sentido anti-horário em um círculo completo ao redor da casa da mulher, e escondeu as penas de galo o mais próximo possível das portas dianteiras e traseiras. Tudo isso envolvia algumas escaladas nas paredes de outras pessoas para chegar aos fundos, com medo constante de ser descoberta, mas ela conseguiu com segurança e foi para casa.

Funcionou. A mulher de repente perdeu o interesse pelo marido, que rapidamente voltou a ser feliz e amoroso.

Stanislao e Rosa de Miami, que dirigem a Igreja dos Sete Poderes Africanos e organizam cursos por correspondência sobre o culto e a magia do Vodu da Santeria, enviaram-nos um feitiço bastante complicado que eles dizem que pode ser usado para amor ou dinheiro, ambos sob os cuidados de Oxum, uma Deusa africana do amor e da felicidade, de origem nigeriana.

Para este feitiço, ou *ebbo*, você precisa de uma abóbora de tamanho médio (um vegetal associado a Oxum), mel, cravo, paus de canela, água de rio, óleo de amêndoa, cinco gemas de ovo, cinco pavios de vela flutuantes, três agulhas novas, um papel amarelo em forma de quadrado, cinco moedas de um centavo e uma imagem ou foto de Nossa Senhora da Caridade, padroeira de Cuba, que é identificada com Oxum.

(Os adoradores do Vodu são bastante desinibidos em identificar os santos católicos, da Virgem Maria em diante, com suas divindades. Esse sincretismo surgiu originalmente quando os africanos trazidos para a América tiveram que esconder sua religião; a ocultação não é mais necessária, mas o sincretismo tornou-se um hábito, e eles estão muito felizes com essa intercambialidade de símbolos.)

Corte o topo da abóbora, mas não danifique as laterais. Esvazie seu conteúdo. Em um sábado (dia de Oxum), reúna todos os seus ingredientes e coloque a abóbora em um grande prato branco em frente à imagem de La Caridad.

Se o seu pedido for em dinheiro, escreva-o no papel amarelo; se for por amor, escreva o nome da pessoa desejada. Em ambos os casos, somos instruídos: "Certifique-se de que seu pedido seja razoável e não estranho". Fure o nome ou o pedido com as três agulhas novas e coloque-o no fundo da abóbora.

Agora acrescente as cinco gemas, sem quebrar, e coloque um cravo inteiro, um pau de canela e, por fim, um centavo por cima de cada um.

Em seguida, despeje cuidadosamente a água do rio até que a abóbora esteja 1/3 cheia e depois despeje o óleo de amêndoa em cima da água até que esteja cheia pela metade. (Isto é, se você puder comprar tanto óleo de amêndoa deste lado do Atlântico!)

Flutue os cinco pavios no óleo de amêndoa e acenda-os; agora expresse seu pedido para Oxum em voz alta.

Os pavios devem queimar por cinco dias continuamente (cinco sendo o número de Oxum). Se um deles se apagar, substitua-o por outro pavio. "Se todos eles apagarem", advertem as instruções, "Oxum está tentando lhe dizer algo".

Quando o quinto dia terminar, jogue a abóbora e todo o seu conteúdo em um rio, pedindo suas bênçãos. E uma advertência final: "Não faça promessas levianamente a Oxum, pois ela se ofende facilmente".

Carole Pedley Chui, uma mulher de Yorkshire, casada com um chinês, é uma advogada que atua em Hong Kong e professora sênior no Politécnico da Cidade. Ela nos diz: "Eu sei que sou uma Bruxa e sempre fui", então ela estudou a Magia de seu país adotivo com interesse.

> "Hong Kong, por ter perdido a Revolução Cultural, preservou muito da 'superstição' que o Continente tentou impiedosamente erradicar. Acho difícil apontar a estranha mistura do sobrenatural e do profissional na perspectiva chinesa.

Por exemplo, leio cartas de Tarô e tenho um amigo que é astrólogo em tempo integral. Nós dois achamos que os ocidentais – e os chineses ocidentalizados – querem saber sobre amor e espiritualidade. Os chineses locais querem saber sobre dinheiro. – *Quando vou conhecer meu homem rico*? pergunta MiMi, minha cunhada. A resposta é que ela ficará rica apenas por meio de seus próprios esforços, mas ela não gosta nada disso.

Sempre que um novo prédio é aberto em Hong Kong, um especialista em Feng Shui deve ser chamado. Foi o que aconteceu com a primeira loja da Marks & Spencers, que teve que instalar um tanque de peixinhos dourados. ***Feng*** (ou ***Fung***) ***Shui*** significa literalmente 'vento-água'. A geomancia chinesa baseia-se em questões claramente práticas, como o fluxo de ar; mas também tem aspectos mais fantasiosos (ao que parece), como dragões na Terra. Agradar um Dragão pode ser bom, mas provocá-lo agitando sua cauda é um convite à ruína.

Isso permeia toda Hong Kong, embora muitos digam que realmente não acreditam nisso. Tem havido um debate acalorado sobre o mau Feng Shui do novo edifício do China Bank (os proprietários não trouxeram um especialista em Feng Shui, é claro). O Hong Kong & Shanghai Bank, por outro lado, usou um especialista em Feng Shui, particularmente para dizer onde colocar os leões de bronze do antigo prédio.

Sobre feitiços de proteção – se um chefe de família encontrar, digamos, uma estrada elevada do lado de fora de sua janela (acontece o tempo todo aqui!) ou se é dito que a vista de uma chaminé ou de um telhado em ângulo agudo está estragando sua sorte, ele deve pendurar um ***baguá*** (espelho de oito lados) para refletir a má sorte. Uma amiga que se mudou para um apartamento onde alguém havia morrido ficou desconcertada ao encontrar um baguá na varanda do vizinho, voltado para ela, para desviar o azar vindo de seu apartamento."

Uma forma muito popular de feitiço de boa sorte são os papéis do templo, que podem ser comprados em qualquer lugar. "Cada papel tem uma caligrafia manuscrita, em ouro sobre vermelho, para boa sorte, expressando, com toda a franqueza que a língua chinesa é capaz, que um bom destino é desejado".

A escrita chinesa é muito condensada e sua aparência é considerada tão importante quanto seu significado literal; ao escolher um nome para uma criança, por exemplo, a aparência desse nome no papel é uma consideração séria. Então, em certo sentido, como Carole aponta, esses papéis do templo são uma combinação de feitiço e talismã. Tendo comprado o papel apropriado do templo, você o queima para ativar o desejo. As varetas são de sândalo.

> "De fato, queimar oferendas é algo bem chinês. Quando alguém morre, você vai à papelaria e compra papel-moeda, casas de papel, carros, iates, o que for, e os queima para uso da pessoa na vida após a morte. A vida após a morte é deprimente como a vida de Hong Kong no momento – tudo gira em torno de competição e de quem tem mais símbolos de status, eu temo. Essas bênçãos do templo são compradas das mesmas pessoas que fazem as oferendas de papel. E as oferendas de papel são tão lindamente feitas à mão, com caligrafia, que parece uma pena queimá-las."

Carole nos enviou três papéis diferentes do templo, que você verá na seção de Placas.

O épico nacional finlandês *Kalevala* incorpora muito folclore – entre ele os dois seguintes encantamentos mágicos. O primeiro, contra as doenças em geral:

> Doença, desapareça no céu!
> Dor, voe no ar.
> Vapor ardente, levante-se no ar!
> Para que o vento te leve embora.
> Para que a tempestade te persiga a lugares distantes,
> onde nem o Sol nem a Lua iluminam,
> onde nenhum vento quente queima a carne.

O segundo é um encantamento para interromper o fluxo de sangue:

Ouve, ó sangue! Em vez de fluir,
em vez de se derramar em uma inundação quente.
Ó sangue, pare como uma parede;
como uma cerca viva;
como um recife no oceano,
como uma cana dura na charneca,
como uma rocha no campo,
Como um pinheiro na floresta.

Os xamãs índios Cherokee têm um encantamento para curar aleijados:

Você, ó Mulher Vermelha, você causou isso.
Você colocou o intruso sob ele.
Ah! Agora você veio da Terra do Sol.
Você trouxe os pequenos assentos vermelhos,
com os pés apoiados neles.
Ah! Agora eles se afastaram rapidamente de você.
O alívio é alcançado.

Um feitiço malaio para curar a febre requer sete cigarros, sete folhas de bétele mascadas, sete bananas, arroz torrado e um ovo. Tudo isso deve ser enrolado em folha de bananeira e deixado em uma encruzilhada de três vias, com o encantamento:

Jembalang Jembali, Demônio da Terra,
aceite esta porção como seu pagamento
e restaure [nome].
Mas se você não o restaurar,
eu o amaldiçoarei com o ditado
"Não há deus além de Deus".

Uma invocação malaia para convocar um vento diz respeitosamente:

Venha cá, senhor, venha cá, meu Senhor,
solte seus cachos tão compridos e esvoaçantes.

Nas Ilhas Gilbert, da Polinésia, o poder de fazer Magia climática parece ser uma questão *ex officio*. O oficial colonial britânico aposentado Arthur Grimble, em seu fascinante livro

Return to the Islands (ver Bibliografia), escreveu: "Minha adoção, em 1918, na seita Tarawa do clã real e sacerdotal de Karongoa, deu-me o direito de praticar a Magia de fazer e dissipar chuva (aliás, também de afastar eclipses) sempre que assim eu desejasse".

As experiências de Grimble, aliás, serviram de base para o filme *A Pattern of Islands*. As crenças do povo do Tibete, segundo Lilith Babellon (representante no País de Gales do Dalai Lama), são uma mistura de sua fé original, chamada "*Bon*, Budismo Indiano e Tantra Indiano". "*Bom*", ela diz, "era ... uma forma avançada de animismo perpetuada por xamãs-sacerdotes chamados *Bon Po*. As práticas mágicas desempenharam um papel integral na convivência com os espíritos da natureza que as religiões animistas percebem". Os tibetanos tinham - e aparentemente ainda têm, apesar das tentativas comunistas chinesas de destruir sua cultura indígena - uma firme crença no poder da Magia e dos feitiços.

Eles têm sua própria forma de defesa psíquica contra influências malignas - objetos conhecidos como armadilhas espirituais. "Estes... são feitos a partir do crânio de um animal, sustentado por uma armação de ramos de salgueiro entrelaçadas com palha e fios de lã. Quando se considera que uma forma de energia negativa foi capturada, toda a armadilha é queimada."

Em muitas partes da África Ocidental, a pólvora negra é usada como proteção contra feitiçaria malévola. Ela pode ser inserida na corrente sanguínea (como uma forma de vacina) através de pequenos cortes na carne, geralmente nos pulsos, ou misturada com água ou vinho de palma e bebida. As crianças podem ser untadas duas vezes ao dia com um creme contendo o pó, e pessoas muito doentes podem injetar ou tomar com algum líquido. O pó líquido pode ser tingido com uma mistura do pó e de óleo de palma. Frequentemente, também, o pó é usado medicinalmente, polvilhado ou espalhado em uma ferida; e alguns dos ingredientes podem, de fato, ser curas à base de plantas.

A receita para o pó preto varia de lugar para lugar. James H. Neal, em seu livro *Jungle Magic*, cita: "A tribo Ewe produz como proteção contra feiticeiras, um pó que é feito de uma hortelã aromática chamada *Amayi*, mais certas partes de um esquilo, sete tipos de incenso africano e também o visco africano. Dizem que este pó é muito protetor, e africanos de muitas outras tribos distantes vão ao povo Ewe para obter seu pó protetor antifeiticeira". (O uso da palavra "feiticeira" para traduzir as várias palavras africanas locais para "feiticeiro malévolo" tem sido uma expressão inevitável das atitudes europeias; e Neal – embora um observador meticuloso – era, afinal, um oficial colonial.)

Encantamentos e amuletos também são usados como proteção contra "feiticeiras" – geralmente colares ou anéis; quanto mais próximos do corpo eles estão, mais poderosos são considerados.

Os africanos têm suas próprias formas de feitiço de contenção. Neal relata um, envolvendo um cadeado manchado de sangue, que o sacerdote segurou em sua mão enquanto falou o nome da "feiticeira" várias vezes e depois "trancou-a com uma chave". Aparentemente, isso obrigou a culpada a vir até ele e confessar.

A Toscana, no norte da Itália, é um lugar onde *la vecchia religione*, a Antiga Religião, sobreviveu ao longo do domínio cristão e, segundo nosso contato, ainda floresce. A tradição e as práticas da Bruxaria toscana foram registradas no final do século passado por Charles G. Leland, em seu livro *Aradia: O Evangelho das Bruxas.*

Este americano notável e de muitos talentos, tornou-se amigo de uma Bruxa toscana chamada Maddalena, e foi ele próprio iniciado em sua Arte. (Ele tinha o dom de ser aceito por povos secretos; e teve sucesso desse mesmo jeito com índios algonquins e ciganos britânicos.) Stewart descreve o caráter e as realizações de Leland em sua introdução à reimpressão de *Aradia*, em 1974 (ver Bibliografia).

Aqui estão alguns dos feitiços da Bruxaria toscana que Maddalena ensinou a Leland.

Um limão verde, cheio de alfinetes espetados de cores diferentes, sempre traz boa sorte. Ainda melhor se for um limão, uma laranja e uma tangerina, abençoados com uma invocação a Diana, começando (na tradução de Leland, que ele dá após o original italiano):

> No instante em que chegou à meia-noite,
> colhi um limão no jardim.
> Eu peguei um limão, e com ele,
> uma laranja e uma tangerina (perfumada).
> Reuni com cuidado essas coisas (preciosas),
> e enquanto as reunia eu disse com cuidado:
> "Tu que és Rainha do Sol e da Lua e das estrelas – eis!
> Aqui eu te chamo!

Leland destaca que a laranja representa o Sol e o limão a Lua - ou seja, a própria Diana.

Um feitiço para uma boa colheita de uvas envolvia entrar no vinhedo na lua nova, com um chifre cheio de vinho, beber do chifre, beijar uma das mãos para Lua e novamente invocar Diana:

> Bebo, mas não é vinho que bebo,
> bebo o sangue de Diana,
> eis que o vinho se transformou em seu sangue,
> e se espalhou por todas as minhas videiras que crescem...

(Beijar a mão para a lua nova é uma prática muito antiga. Jó 31:26-8 condena isso como um ato Pagão - e o material básico de Jó é considerado o mais antigo da Bíblia.)

Um feitiço de amor toscano, trabalhado numa sexta-feira, transforma a mulher desejada "...na forma de um cachorro, quando ela, esquecendo-se de quem é e tudo mais, virá imediatamente à sua casa, e lá, quando então assumir sua forma natural novamente, permanecerá com ele. E quando chegar a hora de partir, ela se tornará novamente um cachorro e voltará para casa, onde se transformará em uma menina. E ela não se lembrará de nada do que aconteceu, ou pelo menos de apenas pequenos ou meros fragmentos, que parecerão um sonho confuso. E ela assumirá a forma de um cachorro, porque Diana sempre tem um cachorro ao seu lado.

A invocação para isso começa:

DIANA, LINDA DIANA!
QUE É REALMENTE TÃO BOA QUANTO BELA
POR TODA A ADORAÇÃO QUE EU TE DEI,
E TODA A ALEGRIA DO AMOR QUE CONHECESTE,
IMPLORO-TE QUE ME AJUDES COM O MEU AMOR!

É interessante que Diana, a Deusa suprema das Bruxas toscanas, seja ela mesma muito mais velha do que o estado romano que a adotou.

As Bruxas toscanas compartilhavam a crença universal no valor mágico de uma pedra com um buraco natural através dela; elas a consideravam um presente de Diana. Mesmo uma pedra sem furos, mas perfeitamente redonda, era considerada como sorte – "...mas nunca deve ser dada, porque o receptor terá a boa sorte, e algum desastre acontecerá ao doador".

Uma tradição da Bruxaria toscana descoberta por Leland entrou no ritual Gardneriano. A abertura da Carga da Deusa Gardneriana, de "Sempre que necessitar de alguma coisa" até "nus em seus ritos", é extraída diretamente de *Aradia*.

A feitiçaria entre os índios Hopi da América tem uma história curiosa. Os Hopi (seu nome significa "Paz") têm nove grandes cerimônias religiosas, mas já tiveram dez, sendo a décima a cerimônia do fogo *Ya-Ya*, que se baseava em entrar em contato com os espíritos do tuvosi (o reino dos animais com chifres) para uma Magia poderosa, incluindo a impermeabilidade a queimaduras, o levantamento de pesos "impossíveis", a mudança de forma para animais e a capacidade de ver no escuro ou por longas distâncias.

Em um dos feitiços tradicionais de *Ya-Ya*, o feiticeiro pegava uma tigela de argila branca usada para pintar as paredes da casa, colocava as mãos nela, fazia os movimentos de pintar uma parede e depois apontava para um penhasco a quilômetros de distância, que de repente era pintado de branco.

A princípio, a Magia *Ya-Ya* era usada inteiramente para o bem do povo, mas gradualmente alguns praticantes começaram a usá-la para fins egoístas. As pessoas notaram que as doenças dos olhos estavam se espalhando entre os praticantes de *Ya-Ya* e decidiram que o sistema era mau. E então ele foi proscrito (reduzindo mais uma vez as grandes cerimônias para nove), primeiro em uma aldeia e depois em outras, e seus fetiches mágicos foram selados em uma caverna onde eles ainda permanecem.

Tudo isso foi séculos atrás, mas *Ya-Ya* sobreviveu em semissegredo até o século 20, em uma forma corrompida - que inevitavelmente veio a ser conhecida em inglês como *Witchcraft*, ou seja, "Bruxaria".

A história de *Ya-Ya* é contada em detalhes no fascinante *Livro dos Hopi*, de Frank Waters. A filosofia espiritual dos Hopis é sutil e admirável; e eles sabem perfeitamente que os trabalhadores da Magia maligna se condenam à própria destruição e à perda de seus poderes.

Ainda na América, parece que por volta do final do século 18 e início do 19, americanos brancos de todas as classes desenvolveram uma paixão por caçar tesouros enterrados. (Um deles foi Joseph Smith, autor - ou transcritor do ditado angélico - de *O Livro dos Mórmons*). Cristãos piedosos perceberam que tal caça cheirava à Magia, então eles sempre cavavam com cópias da *Bíblia*, do *Livro de Oração* e do *Progresso do Peregrino*, de Bunyan, deixado nas proximidades, para afastar os espíritos infernais.

Em 1786, Silas Hamilton, um cidadão proeminente e rico (ainda que quase nada alfabetizado[7]) de Whittingham, Vermont, escreveu em seu caderno: "Um método para pegar um tesouro escondido (a saber). Pegue Nove Varas de Asso com cerca de des ou douze polegadas de cumprimento Afiadas ou Pontudas para Perfurar a Tera, e deiche que elas seje bezuntada con sangue fresco de uma galinha misturado con estrume de porco. Em seguida, faz dois círculos um pouco mais grandes em circunferênsia do que o tesouro escondido na Tera o otro círculo ainda mais grande, e como o tesouro escondido não vai se movê para norte ou sudeste ou oeste Coloque suas vara como mostrado na página do outro lado dessa folha" - com um esboço de acompanhamento, agora na Biblioteca Lee da Universidade Brigham Young.

7. N. R.: o texto foi mantido com os erros, conforme originalmente escrito.

Este feitiço (não pode ser chamado de outra coisa) pareceria inútil à primeira vista, pois só poderia ser usado quando o local do tesouro já tivesse sido encontrado, mas na verdade era uma forma de feitiço de ligação, para impedir que os demônios movessem o tesouro - embora pareça haver duas opiniões sobre se quem o movia era um demônio ou um anjo. Outro pioneiro mórmon, Brigham Young (também natural de Whittingham), declarou décadas depois: "Estes tesouros que estão na Terra são cuidadosamente observados, eles podem ser movidos de um lugar para outro de acordo com o beneplácito daquele que os fez e possui. Ele tem seus mensageiros a seu serviço, e é tão fácil para um anjo remover os minerais de qualquer parte dessas montanhas para outra, quanto para você e eu andar para cima e para baixo neste corredor".

Só podemos esperar que Silas Hamilton não tenha ofendido inadvertidamente nenhum anjo que mova tesouros.

Consagrando um talismã completo

Trabalhando um feitiço de Vênus com agulha

Atando uma imagem para neutralizar um malefício

A cabana do século 19, de Biddy Early, do Condado de Clare

Colher erva-de-são-joão é uma tradição folclórica para engravidar

Um Tiki Maori, talismã de fertilidade em posição fetal

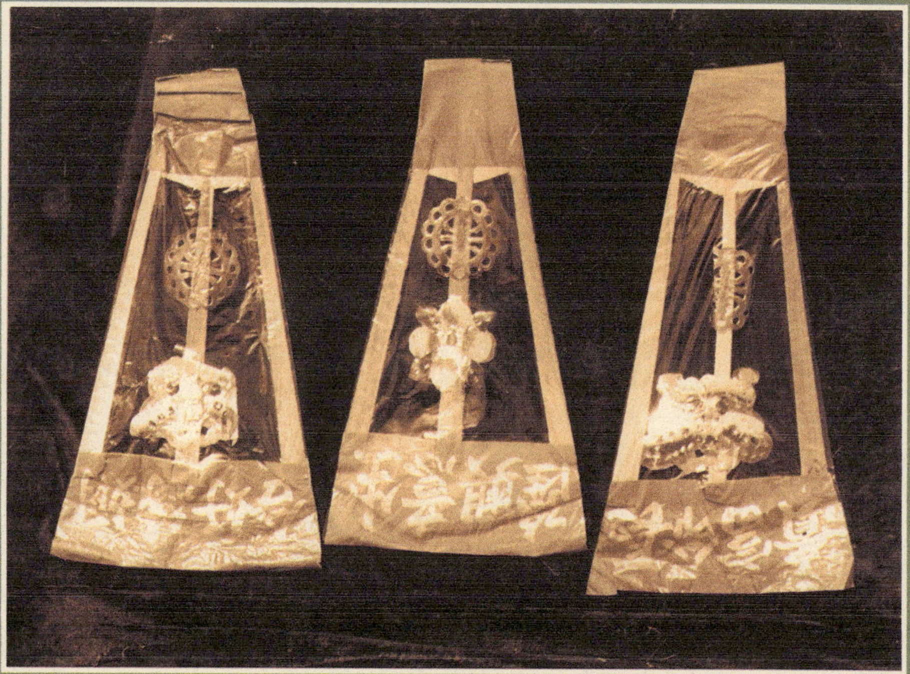

Papéis de um templo chinês para ativar desejos

Somente ferreiros e forjadores, considerados tradicionalmente Magos naturais, podem dispor uma ferradura com as pontas para baixo

Casa do século 14, de Dame Alice Kyteler,
atualmente uma pensão

XIV

FEITIÇOS FOLCLÓRICOS

Os pastores ingleses contavam suas ovelhas (e em alguns lugares talvez ainda o façam) de uma maneira que acreditavam trazer sorte. Em vez do habitual "um, dois, três..." eles contavam:

YAN, TAN, TETHERA, PETHERA,
PIMP, SETHERA, LETHERA, HOVERA, DOVERA, DIK,
YAN-A-DIK, TAN-A-DIK, TETHERA-DIK...

... e assim por diante. Doreen Valiente (*Where Witchcraft Lives*, p. 72) relata esse costume em Sussex, enquanto Stewart ouviu falar dele em East Anglia e Janet em Leyton, nos limites da Epping Forest. Este costume provém claramente do P-céltico, a família à qual pertencem o galês, córnico e bretão (quatro e cinco em galês, por exemplo, são *pedwar* e *pump*, em córnico *paswar* e *pymp*, e em bretão *peder* e *pemp*). E pode muito bem, como sugere Doreen, vir de uma forma de celta britânico mais antiga que o conquistador anglo-saxão. Mas as repetições de padrões "*Tethera, Pethera, Sethera, Lethera*" e "*Hovera, Dovera*", que se afastam inteiramente das três línguas mencionadas, sugerem-nos que, ao longo dos séculos, desde que a contagem celta deixou de corresponder à fala cotidiana, o costume foi distorcido pelo instinto de transformar palavras mágicas em um *jingle* rítmico e recordável.

Os pescadores da Cornualha, aliás, ainda contavam suas capturas em córnico muito depois de a língua ter deixado de ser usada na fala cotidiana.

O avô de Janet, que era um cristão devoto, conhecia a contagem dos pastores e a considerava suspeita e possivelmente diabólica - uma reação bastante comum a itens intrigantes do folclore. No entanto, curiosamente, era seu hábito bater em suas macieiras com uma vara na Noite de Reis - "para fazer a seiva subir", explicava a Janet. Ele pode não ter percebido que isso era pura Magia Simpática, o tradicional costume inglês de *wassailing* ou *worsling* (do nórdico antigo *ves heill*, "estar com saúde). *Wassailing* envolvia o ritual de bater com varas em todo o pomar de macieiras durante os Doze Dias de Natal, ao som de uma canção de fertilidade. Doreen Valiente (ibid., p. 62) dá uma versão Sussex da música:

> Aguente firme, raiz!
> Aguente bem, copa!
> Ore para que Deus nos envie
> uma boa tigela da colheita.
> Em cada galho, maçãs grandes;
> em cada ramo, maçãs agora!
> Chapéus cheios, bonés cheios,
> Provisão cheia, sacos cheios!

Where Witchcraft Lives é, aliás, uma rica mina da tradição mágica do condado natal de Doreen, Sussex, e vale a pena ser lido por estudantes de feitiços. Mais um exemplo de feitiço encontrado no livro (da p. 73). As mulheres de Sussex que estavam ansiosas por ter um bebê usavam a magia simpática de embalar um berço vazio. A rima tradicional prometia-lhes:

> Se o berço vazio balançar
> então muitos bebês irão chegar.

Um feitiço que toda criança conhece (e muitos adultos um pouco mais humorados continuam a usar) é dizer "Lebres" pouco antes da meia-noite do último dia do mês, e "Coelhos, coelhos, lebres e coelhos" (ou uma variante local disso) no primeiro dia do novo mês, antes que você ou alguém por perto diga qualquer outra coisa. Isso deve garantir boa sorte para todo o mês.

Há, claro, um feitiço das outras crianças - "Um beliscão e um soco no primeiro dia do mês é pouco, e sem retorno", com a ação correspondente. Nós nos perguntamos se isso também já foi um feitiço de boa sorte, que degenerou em uma simples brincadeira?

Quando duas pessoas dizem a mesma coisa ao mesmo tempo, o pensador mais rápido belisca a outra com as palavras "Um beliscão para você e uma surpresa para mim".

Ao ver a primeira estrela da noite (que provavelmente será o planeta Vênus), você recita:

LUZ DA ESTRELA, ESTRELA A BRILHAR,
PRIMEIRA ESTRELA QUE EU VI NESTA NOITE A CINTILAR,
EU GOSTARIA DE PODER, QUISERA EU TER
O DESEJO QUE ESTA NOITE ESTOU A TE FAZER.

E, então, faça o seu desejo. Você deve esperar para ver uma segunda estrela, ou seu desejo não se realizará.

Ginny, a Donzela do nosso Coven, admite que é cautelosa com este: se a noite estiver nublada, ela deseja apenas algo simples - para que, se a segunda estrela não aparecer, ela não tenha perdido nada importante!

A Bruxaria irlandesa e os feitiços têm um caráter próprio. Há pouca evidência de Covens conscientemente não cristãos na história irlandesa; estes não se materializaram até que o renascimento da Arte no século 20, na Grã-Bretanha, chegou à Irlanda na década de 1970, e se algum Coven existiu antes, eles se mantiveram em segredo com sucesso. Enquanto o resto da Europa estava enlouquecendo e executando Bruxas (real ou supostas) aos milhões, os julgamentos de Bruxas da Irlanda, entre o primeiro deles em 1324, e o último em 1711, podem ser contados em duas mãos.

O padrão irlandês assumiu (e em alguns lugares ainda assume) duas formas básicas. Um deles é a *bean feasa* (mulher sábia) da aldeia ou *fear feasa* (sábio), pronuncia-se *ban fassa* e *far fassa*.

A outra é a sobrevivência de costumes folclóricos evidentemente Pagãos. Ambos operam dentro de uma estrutura nominalmente cristã, a atitude da Igreja varia desde a desaprovação preocupada (como acontece com muitas *bean feasa*) até a vinculação do nome de um santo a um costume e alegando que ele é realmente cristão (como as fogueiras no Solstício de Verão – "Véspera de São João" – e os rituais primaveris das Cruzes de Brigit).

O primeiro e mais famoso dos julgamentos de Bruxas irlandeses foi o de Dame Alice Kyteler (pronuncia-se *Kittler*) de Kilkenny, em 1324. Instigado por Richard de Ledrede, bispo de Ossory, que foi descrito pelo senescal de Kilkenny como sendo um "vil, monge rústico e intrometido". De formação francesa, o bispo parece ter tido ambições de introduzir na Irlanda os conceitos e métodos fanáticos da perseguição. Suas acusações eram todas normais, incluindo negação de Deus, tráfico com demônios, Sabbats noturnos, feitiços para matar ou ferir homens e gado e relações sexuais com um misterioso homem de preto, chamado Robin Artisson, que tinha um bastão de ferro e podia mudar de forma e a quem eram feitos sacrifícios.

Dame Alice conseguiu pedir ajuda a pessoas influentes e até conseguiu prender o bispo por um tempo, depois que ele a excomungou. Finalmente, ela escapou para a Inglaterra e o bispo julgou a criada de sua senhora, Petronilla de Meath, como bode expiatório, açoitando-a repetidamente até que ela "confessasse" todas as acusações e depois a queimou viva.

Nenhum outro julgamento de Bruxas irlandesas atingiu esse nível de drama e brutalidade.

A significativa casa de Alice Kyteler ainda está de pé em Kilkenny; mas agora é um hotel, com um restaurante no porão, onde dizem que seu Coven costumava se reunir.

Ainda pode ser vista, também, a humilde cabana da mais famosa *bean feasa* de todas, Biddy Early, que viveu no Condado de Clare, no século passado, e a quem WB Yeats, em um de seus poemas, chamou de "sábia Biddy Early". Ela era famosa tanto por suas curas quanto por sua clarividência; vez após vez, Biddy contava às pessoas por que elas tinham vindo até ela, e descrevia cenas e eventos que ela não tinha uma maneira "normal" de saber. Ela era generosa e hospitaleira, tratando igualmente ricos e pobres, mas intransigente em seus conselhos.

Biddy possuía uma garrafa que ela usava como os outros usam uma bola de cristal ou folhas de chá, e há muitas histórias sobre essa garrafa. Alguns dizem que quando seu filho ajudou as fadas a ganhar uma partida de arremesso, elas deram a garrafa a ele para presentear sua mãe. Quando ela morreu, alguns dizem que a garrafa foi jogada em um lago próximo (algumas pessoas realmente arrastaram-se por ela), enquanto outros afirmam que a garrafa teve de ser quebrada antes que o padre concedesse um enterro cristão a Biddy.

Lady Gregory foi capaz de entrevistar várias pessoas locais que a conheceram, e ela escreveu vinte páginas sobre seus fascinantes relatos em seu livro *Visions and Beliefs in the West of Ireland* (ver Bibliografia). Um velho disse a ela: "Os padres eram totalmente contra Biddy Early. E não há dúvida de que foi das fadas que ela conseguiu conhecimento. Mas quem não iria para o inferno por uma cura se um dos seus estivesse doente? E os padres não gostam de fazer curas eles mesmos. O padre Flynn me disse que, se eu fizer isso, deixo o diabo entrar em mim". (Essa crença surge repetidamente, de que os padres podem curar, mas são extremamente relutantes em fazê-lo "a menos que sejam curas em que lhes apraz receber dinheiro", acrescenta uma fonte.)

Aparentemente, ela desarmou pelo menos um padre. Mary Glyn disse a Lady Gregory: "É que Biddy Early tinha o grande nome, mas os padres estavam contra ela. Certa vez um padre foi tentar detê-la, e quando chegou perto da porta o cavalo que estava em seu carro caiu. Biddy Early veio então e pediu-lhe para dar três tapas no cavalo, e ele fez isso, e o cavalo se levantou ali mesmo. Foi ele mesmo que colocou o mau-olhado nele. – ***Foi você mesmo que fez isso, seu bodach*** –, disse ela ao padre. E ele respondeu: – ***Você pode fazer o que quiser a partir de agora, e eu não vou me intrometer com você novamente***."

Não podemos deixar de citar mais uma testemunha ocular, a Sra. Locke: "A Sra. Brennan, na casa da redondeza, foi uma vez a

Biddy Early, quando um velho estava perdendo a saúde. Tudo o que ela disse a ele foi para que desistisse de beber tanto uísque. Então, depois que ela disse isso, ele passou a beber apenas gim".

Uma coisa que Alice Kyteler e Biddy Early tinham em comum: ambas sobreviveram a vários maridos. No caso de Dame Alice, como se poderia esperar, seus detratores deram uma interpretação sinistra sobre isso, mas ninguém parece ter feito o mesmo com Biddy Early. Seus maridos, aparentemente, todos beberam até a morte. "Eram corajosos", um certo Daniel Curtin disse a Lady Gregory, "ou não teriam se casado com ela".

Um exemplo interessante de feitiços Pagãos vem de um amigo nosso de meia-idade, em Dublin. Quando ele era criança no Condado de Longford, seus bons pais católicos levavam toda a família às plantações para dançarem nu, à meia-noite, na Véspera de Maio. Eles foram informados de que isso os protegeria contra resfriados no próximo ano –, mas o ritual era claramente um feitiço de fertilidade das colheitas, com a desculpa de proteção da saúde instilada nas crianças caso a notícia se espalhasse.

Uma cura irlandesa para "a rosa", conhecida clinicamente como "erisipela" e em gaélico como *ruiadhe*, incluía tratamento físico e um feitiço. Aplicava-se um cataplasma de farinha escaldada para impedir que a ferida se espalhasse e, na parte externa do cataplasma, escrevia-se o primeiro nome e o sobrenome do paciente. A escrita deve ser feita por alguém com o mesmo sobrenome do paciente ou, melhor ainda, com o mesmo primeiro nome. (A erisipela parece ter sido considerada particularmente suscetível à Magia, tanto para curar quanto para causar. Um feitiço das Terras Altas Escocesas envolvia cortar uma mecha de cabelo - de preferência ruivo - em pedaços, e jogá-la com maldições na vítima pretendida; uma ferida se desenvolveria para cada mecha.)

Um feitiço irlandês para curar caxumba era usar antolhos ou freios de burro enquanto se bebia água de um poço ou de um rio. Se o paciente era uma criança, sua cabeça era esfregada contra o dorso de um porco com as palavras "*Muc, Muc, seo dhuit do leici*" ("*Porco, Porco, aqui estão suas caxumbas*"). A doença seria então transferida para o porco.

E um burro também entrou na cura tradicional para a coqueluche de uma criança. A criança era passada três vezes ao redor das costas e da barriga do animal.

A cura para a dor de cabeça era colocar folhas da madeira de anêmona (*bainne-bo-bliatain*) na cabeça.

Não podemos responder pela eficácia dessas curas; mas foi no oeste da Irlanda (onde os costumes populares tendem a sobreviver mais fortemente do que em outros lugares) que descobrimos que a expressão "pelo do cachorro que mordeu você" tem um significado literal. Uma mulher da nossa aldeia foi mordida pelo cão de um vizinho - mais ou menos acidentalmente, pois o cão a conhecia e não era hostil - e a marca da mordida tornou-se séptica. Então ela foi até o cachorro, falou com ele amigavelmente e tirou um pelo das suas costas. Este pelo ela amarrou sobre a ferida. Em poucos dias estava curada, sem deixar marcas. Se esse resultado foi mágico ou psicossomático ou veio de alguma reação química desconhecida, devemos admitir que não sabemos; mas o tratamento certamente funcionou.

As pedras *bullaun* (rochas com depressões em forma de taça em seu topo que acumulam água) eram e ainda são consideradas magicamente poderosas; a água delas é usada para curar tudo, desde verrugas até esterilidade. Muitas dessas pedras são, de fato, provavelmente pedras de moagem de grãos que datam dos tempos megalíticos.

Uma curiosa tradição irlandesa é que para cada homem ou mulher há uma hora no dia em que ele ou ela poderá ter um desejo atendido, e também poderá ver espíritos; mas que hora é essa é algo que só pode ser descoberto por meio da tentativa e erro.

Era considerado azar estar no terceiro barco a deixar o porto; então, como medida de proteção, às vezes os três primeiros barcos se amarravam, de modo que, com um primeiro literalmente amarrado, não havia, estritamente falando, nenhum terceiro.

Acreditava-se que uma noiva recém-casada tinha o poder de acalmar uma tempestade no mar. (Nós nos deparamos com essa crença na costa do Condado de Mayo.) Dizia-se que as travessias de Whitsuntide convidavam ao afogamento, e algumas pessoas não navegavam a menos que uma noiva estivesse no leme. (Uma criança nascida em Whitsun costumava ser colocada brevemente em uma cova recém-cavada para afastar os perigos.)

Uma noiva também tinha poder sobre as fadas - desde que ela não levantasse os dois pés do chão ao mesmo tempo em uma dança; se ela o fizesse, as fadas ganhavam poder sobre ela.

Se o leite de um fazendeiro não se transformasse em manteiga, ele suspeitaria da maldição de um vizinho. O contrafeitiço era enrolar as correntes de seu arado em volta da batedeira.

Uma vara de avelã era um bom amuleto protetor para carregar com você, virando-a de vez em quando; quem fizesse isso, dizia-se, "Nenhuma coisa ruim poderá machucá-lo".

O dia de São Martinho, 11 de novembro, costumava ser um dia em que se exigia proteção especial da casa, derramando o sangue de galos recém-abatidos nos cantos do lar (às vezes até nos cantos de todos os quartos) e enchendo trapos embebidos em seu sangue nas vigas. Era considerado azar fazer uma viagem na véspera de São Martinho ou no Dia de São Martinho. Como em muitos costumes antigos, essa data pode refletir um apego conservador ao antigo Calendário Juliano - nesse caso, essa tradição em particular era originalmente de *Halloween* (Samhain).

As meninas irlandesas costumavam caçar um caracol na grama na manhã de maio para um feitiço de adivinhação. Colocado em um prato de farinha, o caracol se movimentava, escrevendo as iniciais do rapaz com quem a moça se casaria. Outra maneira era comer uma maçã na frente do espelho à meia-noite no *Halloween*, quando ela veria seu futuro marido no espelho.

Parece ter havido diferentes feitiços de identificação do marido para diferentes épocas do ano. Um que era feito na primeira lua cheia do ano novo parecia bastante complicado. A menina pegava uma faca de cabo preto (interessante!) e cortava três partes de terra com ela. Ela tinha que levar isso para casa, amarrar em sua meia esquerda e prendê-la com sua liga direita.

A menina então colocava esse pacote debaixo do travesseiro à noite. Ela também tinha que colher certas ervas, enquanto recitava:

> LUA, LUA, DIZ PARA MIM
> QUANDO MEU VERDADEIRO AMOR VEREI ENFIM?
> QUAIS ROUPAS FINAS DEVO USAR?
> DE QUANTOS FILHOS VOU ENGRAVIDAR?
> E SE PARA MIM MEU AMOR NÃO APARECER,
> ESCURA E SOMBRIA MINHA VIDA VAI SER.

Sem dúvida , essa era uma tradução de um original gaélico. Ela então, em seu sono, sonharia com seu futuro marido.

Um método anual consistia em uma menina jogar um novelo de lã num forno de cal, mantendo a ponta do novelo solta em sua mão e enrolando-a até que uma mão invisível parecesse segurá-la com força. Ela então perguntava quem segurava a lã, e uma voz lhe dizia quem seria seu futuro marido.

O hábito escocês de dar o primeiro passo, que consistia em fazer um homem de cabelos escuros ser o primeiro a entrar na casa nos primeiros minutos de *Hogmanay*, dia de ano novo, para garantir boa sorte para o próximo ano, aparece na Irlanda também –, mas era realizado na primeira segunda-feira de janeiro, conhecida como *Handsel Monday* (*handsel* sendo uma palavra antiga para um presente de boa sorte no ano novo).

É interessante como, neste país católico, até feitiços malignos podem ser expressos em termos cristãos. Por exemplo, para separar um casal de amantes, lança-se um punhado de barro de uma nova sepultura entre eles, dizendo: "Odeie-vos um ao outro! Que vocês sejam tão odiosos um para o outros como o pecado é para Cristo, ou como o pão comido sem bênção é para Deus!". E por acaso roubar barro de uma sepultura não é uma forma de sacrilégio?

Os ciganos têm um feitiço próprio simples para atrair dinheiro com duas palavras. Basta repetir a frase "Trinka cinco" para si mesmo várias vezes sempre que precisar de dinheiro. Devemos admitir que descobrimos que muitas vezes funciona – embora ainda não saibamos o que "Trinka" significa, e nenhum dos amigos de sangue cigano que perguntamos foi capaz de nos dizer. Ou será que eles temem que o feitiço perca o seu poder se revelarem o segredo?

A tradição cigana divide a Magia em preto e branco. Por um lado, os feitiços malévolos do *cohani*; por outro, a Magia útil do *drabarni*. *Drabarni* (de monótono, grama ou erva) significa "herveira", pois grande parte de sua suposta Magia é, de fato, fitoterapia direta. Mas os animais também desempenham um papel importante na tradição mágica cigana.

Entre os Kalderash - um importante grupo de ciganos metalúrgicos europeus -, 15 de março é a Festa da Serpente. Quem conseguir matar uma cobra nesse dia terá sorte o ano todo. Fósseis de ouriço-do-mar são chamados de olhos de cobra e usados como amuletos de boa sorte. No lado maligno, os *cohani* usam pele de cobra em pó para filtros malévolos.

As doninhas, por outro lado, são temidas, mas não devem ser mortas, ou toda a tribo terá azar. A doninha bufa é chamada pelos ciganos de "o soprador"; quando está com medo ou com raiva seu sopro é identificado com "o espirro do Diabo". Se uma caravana encontrar uma doninha, especialmente se ela soprar, a caravana deve mudar de rumo. Se uma moça noiva é bajulada por uma doninha, ela deve se lavar em um riacho, ou seu casamento será infeliz.

(Os irlandeses, também, costumavam acreditar que encontrar uma doninha dava azar - ela poderia ser uma feiticeira maldosa que mudava de forma; mas matar uma era ainda pior. Se fizesse isso, deveria matar imediatamente uma de suas próprias galinhas e pendurá-la em um poste no pátio da fazenda para combater o azar. Aliás, o que os ingleses chamam de "doninha", os irlandeses chamam de "arminho"; o arminho inglês não é encontrado na Irlanda.)

O esquilo (*morga* em romani, "gato cigano") traz boa sorte, principalmente no amor. O melhor portador de sorte de todos, porém, é o ouriço (*niglo*).

A Magia malévola *cohani* faz uso de alfinetar imagens de cera; mas outras formas de ataque são menos conhecidas fora do folclore cigano –, por exemplo, coletar grama em uma encruzilhada e colocá-la sob a entrada da tenda ou caravana da vítima pretendida; ou regar um galho de salgueiro-chorão por nove dias e depois despejar essa água na frente da mesma entrada.

Feitiços de proteção contra tal malícia e contra o mau-olhado (*iachalipe*) são praticados com especial cuidado onde as crianças podem ser ameaçadas. Uma maneira é banhar uma criança de modo que a água corra ao longo da lâmina de uma foice inclinada –, pois os espíritos malignos odeiam o contato com o ferro. Outra era amarrar uma corda de violino, ou um pedaço de corda vermelha no pulso da criança; ainda outro é lamber o olho três vezes, cuspindo entre as lambidas.

Os ciganos têm um feitiço para uma mulher que quer saber se está grávida de menino ou menina. A mulher deve entrar em um jardim onde rosas vermelhas e brancas estão crescendo juntas e girar na frente dos arbustos onze vezes com os olhos fechados, movendo-se de Leste para Oeste (o que presumivelmente significa começar de frente para Leste e girar em sentido horário, se ela quiser ficar perto dos arbustos). Ela então deve estender a mão, com os olhos ainda fechados, e pegar uma rosa. Se for branca, será uma menina; se for vermelha, um menino.

Dos feitiços ciganos para os folclóricos mais gerais da Grã-Bretanha –, outro feitiço envolvendo rosas destina-se para uma mulher trazer um amante desejado até ela. A mulher deve andar nua pelo jardim ao luar, espalhando pétalas de rosa atrás de si, enquanto mantém a imagem do homem em sua mente.

Trazer um amante rebelde aos seus pés também envolvia rosas. A moça juntava três botões de rosa na véspera do Solstício de Verão, enterrava um sob um teixo logo após a meia-noite, colocava o segundo em uma cova recém-cavada e o terceiro debaixo do travesseiro, onde o deixava por três noites, antes de tirá-lo e queimá-lo. Seu amante então não conheceria paz até que voltasse para ela.

Uma garota também poderia usar uma rosa colhida na véspera do Solstício de Verão para um feitiço de identificação do marido. Ela deveria embrulhá-la em papel branco e guardá-la até o dia de Natal. Se ainda estivesse fresca, ela a usaria na igreja e seu marido destinado viria e a levaria. Se tivesse desaparecido, os presságios eram ruins.

Em Yorkshire, uma garota prestes a se casar poderia garantir o número de filhos e filhas que ela queria fazendo uma liga de palha. Ela ia secretamente ao *hayricks* em uma noite de sexta-feira e coletava uma palha de trigo para cada menino que ela queria e uma palha de aveia para cada menina. A garota as trançava em uma liga e a usava em volta de sua perna desde a sexta-feira à noite até segunda-feira de manhã. Se ficasse no lugar, o feitiço funcionaria. Havia duas ressalvas: seu futuro marido não devia saber nada sobre o feitiço, ou ele falharia; e ela devia ser virgem na época, ou o mal aconteceria a todos os seus filhos.

Para saber se seu amante vai se casar com você, um costume popular é colocar duas bolotas em uma tigela com água, nomeando cada uma delas para cada um de vocês. Se flutuarem juntas, uma ao lado da outra, o casamento está previsto; mas se flutuarem para longe uma da outra, não há futuro no relacionamento.

No *Halloween*, a mesma pergunta era feita a duas avelãs, que eram colocadas nas barras da grelha. Se elas se aproximassem, o relacionamento floresceria, mas se elas se afastassem, a pessoa amada do questionador era infiel.

Nozes de todos os tipos, particularmente avelã e a bolota de aparência fálica, são símbolos frequentes em feitiços de fertilidade ou de amor. Uma bolota no bolso é um encantamento para se manter jovem.

Em Devonshire, era costume nos casamentos uma velha presentear a noiva com um saco de avelãs quando ela saía da igreja, para garantir a frutificação de seu casamento. Em Gaillac, na França, os noivos eram bombardeados com nozes enquanto ainda estavam no altar, e em Poitou o chão da sala do café da manhã era coberto de nozes. Na Roma Antiga, as nozes eram dadas aos recém-casados. Todos esses costumes tinham o mesmo significado – como também, sem dúvida, em algum momento, o costume moderno de jogar confete.

As laranjas têm o mesmo simbolismo da fertilidade nos países onde crescem, principalmente nos casamentos, e quando os laranjais se tornaram uma característica das casas de campo abastadas na Inglaterra, seu simbolismo foi importado e a flor de laranjeira se tornou uma flor tradicional das noivas.

Um feitiço de casamento que todo mundo conhece, e a maioria das noivas ainda observa, mesmo que apenas como uma agradável tradição, é que a roupa da noiva deve incluir "algo velho, algo novo, algo emprestado e algo azul".

Ainda é considerado uma boa magia para a noiva adiar estar completamente vestida e velada até que ela esteja pronta para sair para o casamento. Isso às vezes é conseguido ajustando o vestido em seções, uma de cada vez, ou deixando uma bainha sem costura até o último momento. Em particular, a noiva não deve se ver totalmente vestida (especialmente com o véu no lugar) em um espelho antes do último momento. E acima de tudo, é claro, o noivo não deve vê-la na manhã do casamento até que ela suba ao altar.

Em certo sentido, tudo isso reflete o conceito de renascimento que é central em todos os ritos de passagem; a noiva está começando uma nova vida, e o ritual de se vestir, aparecer e desvelar-se diante do altar para o beijo de seu marido, dramatiza o fato adequadamente – assim como a cor preferida dos vestidos de noiva, o branco. Em Shropshire, a noiva costumava enfatizar esse conceito em particular também, despindo-se completamente antes de começar a se vestir, e nada que ela vestisse poderia ter sido usado por ela antes.

Este conceito de "nova vida" também pode estar subjacente à tradição do noivo carregar a noiva no colo até a porta de sua nova casa. Ela não caminha de uma vida para outra; ela começa sua nova vida do zero, por assim dizer, com os pés em seu novo chão "fora do ar". Embora outra interpretação seja possível – que consagra o ritual de sequestro que ainda sobrevive em alguns países, pelo qual o noivo finge sequestrar sua noiva de sua casa paterna e seus parentes fingem tentar recapturá-la. Onde isso sobrevive, é pouco mais que uma brincadeira alegre; mas em algum momento pode ter sido sério... Como muitos costumes populares, carregar a noiva além do limiar pode resultar de mais de um conceito original.

Considerado particularmente mágico, o véu que é uma herança de família ou emprestado de um amigo, cujo casamento foi feliz, confere ao casamento a boa sorte dos primeiros usuários.

O bolo de casamento sempre foi, e ainda é, uma das características centrais do ritual da união. Seus ingredientes ricos são para garantir as coisas boas da vida para o casal. A noiva tem que cortar o bolo para garantir sua própria fecundidade - e o simbolismo da mão do marido sobre a dela enquanto ela faz isso, e o uso de sua espada, se ele tiver uma, é inequívoco. Cada convidado tem que comer um pedaço, para que todos apoiem a magia - e pedaços de bolo são enviados para amigos ausentes com o mesmo propósito. Uma garota solteira que colocar seu pedaço de bolo debaixo do travesseiro à noite sonhará com seu futuro marido.

Esses costumes de bolo de casamento ainda são bastante universais; mas há outros que costumavam ser observados, e talvez em alguns lugares ainda o sejam. Por exemplo, a aspirante ao sonho costumava passar uma migalha de seu pedaço de bolo três ou nove vezes por um anel de casamento antes de colocá-lo debaixo do travesseiro. E a noiva guardava um pedaço com cuidado para garantir a fidelidade do marido. Às vezes ela guardava um pedaço até o nascimento do primeiro filho, para ser comido na festa de batizado.

O próprio prato do bolo costumava ser jogado sobre a cabeça da noiva e quebrado, e o padrão das peças estudado para adivinhação - às vezes para indicar o número de filhos.

As Bruxas têm sua própria adição ao feitiço do bolo de casamento: esta é a única ocasião em que o Athame ou Espada ritual pode ser usado para o corte real.

Como vimos, as meninas irlandesas tinham datas específicas para fazer feitiços com intenção de identificar seus futuros maridos. As garotas inglesas faziam esses feitiços particularmente no *Halloween*, na Véspera de Natal, na Véspera de Santa Inês (20 de janeiro) e na véspera de São Marcos (24 de abril). Os feitiços frequentemente envolviam *Dumb Cakes*, feitos de farinha, água, ovos e sal. Eles podiam ser feitos sozinhos ou por duas ou mais garotas juntas. O único fator comum era que a coisa toda deveria ser feita sem pronunciar uma palavra - daí o nome *Dumb Cake, ou seja,* "Bolo Mudo".

Uma pequena flor da erva-de-são-joão em formato de sol que floresce no meio do verão poderia ser colhida por uma mulher andando nua no jardim caso ela quisesse engravidar. A mulher daria à luz antes do próximo Solstício de Verão. Se uma moça o recolhesse no orvalho da manhã da véspera de São João, 23 de junho, antes de comer alguma coisa, ela se casaria dentro de um ano; dormir com uma imagem do santo debaixo do travesseiro naquela noite mostraria a ela seu futuro marido em um sonho.

A erva-de-são-joão costumava ser chamada de *Fuga daemonum,* porque afastava os maus espíritos e protegia as casas contra assombrações e feitiços malignos.

> Trevo-de-três-folhas, verbena, endro, erva-de-são-joão
> impedem as Bruxas de realizar sua maldição.

Um feitiço de identificação do marido permitia que a garota selecionasse os possíveis homens. Ela riscaria o nome de cada homem em cada cebola, individualmente, e colocaria todas as cebolas em um lugar quente. A primeira cebola a brotar identificaria o marido destinado.

Folhas de hera foram usadas em muitos lugares para esta forma de adivinhação. Em Oxfordshire, a garota colocava uma folha no bolso e o primeiro homem que ela conhecesse seria seu futuro marido - mesmo que ele já fosse casado. No norte da Escócia, ela colocava isso contra seu coração, dizendo:

> Hera, hera eu te amo,
> No meu seio eu te posiciono.
> O primeiro jovem que comigo conversar
> Meu futuro marido então será.

Em Cardiganshire, o povo usava folhas de hera para uma variante do feitiço de avelãs na grelha que mencionamos anteriormente. Duas folhas de hera eram colocadas no fogo no

Halloween; se elas se movessem juntas enquanto queimavam, os amantes também o fariam; se elas se separassem ou não queimassem, os amantes brigariam e terminariam.

O orvalho da manhã do dia primeiro de maio sempre teve muitos usos mágicos. Colhido muito cedo, se possível debaixo de um carvalho, deixaria bonita por um ano inteiro uma mulher que banhasse o rosto nele. Esse feitiço específico não precisa ser feito privativamente: a lavagem do orvalho da manhã de maio costumava ser uma ocasião social das mulheres. O Diário de Pepy menciona a Sra. Pepy juntando-se a uma reunião totalmente feminina em 1º de maio de 1667.

Em geral, o orvalho da manhã era coletado para promover a cura para o bócio, olhos doloridos e problemas de pele e borrifado no nariz para vertigem, sendo o orvalho do primeiro de maio o mais poderoso de todos.

Nos Bálcãs, o orvalho da manhã de maio era esfregado no gado para protegê-lo da feitiçaria malévola do ano seguinte.

Uma obra do século 19 conta como duas Bruxas escocesas escovaram a grama na manhã de maio com um prendedor de cabelo. O prendedor era então pendurado em um estábulo e as vacas produziriam tanto leite que não haveria recipientes suficientes para contê-los.

Kipling resume o propósito original da arte dos feitiços dos rituais da Véspera de Maio/Dia de Maio em sua Canção da Árvore:

> Oh, não conte aos Sacerdotes sobre nossa situação
> Ou de pecado chamarão;
> Mas – estivemos a noite toda na floresta,
> Conjurando o verão em festa!

Cujo verso, com a palavra "situação" alterada para "arte", tornou-se parte do ritual Gardneriano de Beltane.

Quando a Idade do Ferro começou a transformar o mundo conhecido, por volta do século 6 AEC, seu impacto sobre os povos que ainda usavam o bronze foi traumático. As armas de bronze eram eficazes principalmente pelos golpes que podiam infligir; armas de ferro realmente cortavam. Naturalmente, o ferro adquiriu uma reputação mágica, particularmente entre os povos nativos expulsos por invasores que o usavam.

Esse conceito de que o ferro possui poder mágico persistiu muito depois que o metal estava em uso universal, praticamente, e vestígios dele ainda podem ser encontrados nos dias de hoje. Ferreiros e ferradores que possuíam e dominavam seus segredos eram considerados Magos naturais a serem tratados com respeito cauteloso. As divindades da forja da Idade do Ferro - Hefesto, Vulcano, o Ferreiro Wayland e outros - eram principalmente ferreiros, não importando quaisquer que fossem as outras habilidades secundárias, como a joalheria, que eles pudessem possuir.

Por exemplo, essa atitude sobrevive em um costume popular que ainda é universal. Ferraduras como símbolos de boa sorte são exibidas com as pontas para cima, para que a sorte não se esgote - exceto pelos ferreiros, que ainda as pregam nas portas das forjas com as pontas para baixo, o objetivo original era derramar seu poder mágico na própria forja. É de se perguntar quantos ferreiros de hoje ainda acreditam, mesmo que inconscientemente, nesse propósito "original".

Alguns ferreiros parecem ter mantido um senso consciente de seu status mágico. Como um deles disse a Lady Gregory, ao falar sobre as curas da *bean feasa* Biddy Early, "Eu mesmo nunca recorri a ela –, pois você deve saber que nenhum mal ou prejuízo acontece a um ferreiro". Dizia-se que se você conseguisse roubar a água do cocho de uma forja, ela poderia curar todas as doenças.

Valerie Worth (*The Crone's Book of Words*, p. 77) ensina um feitiço com ferradura para curar uma dor de cabeça. Você deve segurar uma ponta em cada mão, pressionar o centro dela contra a testa e recitar:

Bom metal desprendido
do casco do cavalo cedido.
Tira do meu cérebro, por favor,
esses pregos de dor.
Lance-os para longe de mim.
Enferruje-os, sim.
Mantenha-os afastados, enfim.

Há uma crença entre os taxistas de que é sorte ter uma letra U (ou, melhor ainda, dois Us) na matrícula do táxi, devido ao seu formato de ferradura. (Eles também gostam de ter um 7, ou múltiplos de 7, no número.)

Pregos de ferro cravados em berços ou camas de mulheres em parto, ou uma tesoura deixada sob almofadas ou tapetes, eram colocados ali como um feitiço de proteção. A aplicação protetora de pregos de ferro nas paredes das casas é tão arcaica quanto a Roma Antiga, onde se dizia ser particularmente eficaz contra a peste.

Em Suffolk, curava-se a febre indo a uma encruzilhada, dando três voltas, cravando um prego de dez centavos no chão enquanto o relógio batia meia-noite e, então, andava-se para trás antes que a última nota do sino tivesse morrido. Um feitiço bastante egoísta, este, porque a próxima pessoa a pisar no prego contrairia a doença da qual você se livrou.

Menos antissocial era a cura do prego para dor de dente. Você coçava a gengiva com um prego novo até sangrar e então martelava o prego em um carvalho; a dor de dente ia embora.

Falando de encruzilhadas – suicidas ou Bruxas executadas enterradas nesses lugares muitas vezes tinham uma ponta de ferro enfiada no cadáver, para evitar que o espírito se levantasse para assombrar os vivos.

Acreditava-se que uma Bruxa suspeita poderia ser testada colocando secretamente um prego em sua pegada. Se ela fosse mesmo Bruxa, sentiria uma queimadura no pé e seria compelida a ir até o local e retirar o prego da pegada. Se não fosse Bruxa, ela não seria afetada por isso.

Agulhas e alfinetes naturalmente compartilhavam muito de sua reputação com os pregos e eram presos nos batentes das portas para fins de proteção e também foram, como vimos, usados de forma maligna na perfuração de imagens.

Um contrafeitiço interessante para suspeita de imagens perfuradas vem de Sussex. Uma jarra cheia de alfinetes era colocada ao lado do fogo; à medida que os pinos esquentassem, o atacante sofreria e seria compelido a desistir.

Encontrar e pegar um prego ou alfinete caído, desde que não esteja apontando para você, ainda é considerado sinônimo de sorte:

> SE PEGAR UM ALFINETE AO VER,
> TODO O DIA BOA SORTE VOCÊ VAI TER.

Na época em que as damas de honra levavam a noiva ao quarto conjugal e a despiam, havia uma corrida para conseguir o primeiro broche, pois a dama de honra que conseguisse seria a primeira a se casar. (Muito parecido com a corrida para pegar o buquê jogado pela noiva hoje em dia.) Mas todos os alfinetes devem ser cuidadosamente recolhidos, retirados do quarto e jogados fora. Se algum deles fosse deixado no quarto, traria má sorte para a noiva; e se uma dama de honra mantivesse um, ela não se casaria antes da Festa do Divino.

Facas em particular sempre foram associadas com a Magia de Ferro. Uma faca enfiada na madeira de um berço, ou na porta de uma casa, tinha a mesma função protetora que mencionamos. Elas podiam ser presas ao mastro de um barco de pesca pelo mesmo motivo - embora os marinheiros considerassem azar usar a palavra "faca" no mar.

Uma faca de cabo branco era usada para descobrir se seu futuro marido ou esposa seria moreno ou loiro. Você tinha que girá-la na mesa e se ela parasse apontando para você, seu parceiro seria moreno, longe de você, seria loiro.

Para as Bruxas, o Athame ou faca de cabo preto é o instrumento mágico mais importante de todos, porque é pessoal, enquanto a maioria das outras ferramentas é de propriedade conjunta do Coven. O Athame não deve ser tocado por ninguém sem pedir a permissão primeiro. Um Bruxo trabalhará conscientemente para carregar o Athame com sua essência pessoal. Círculos são lançados com o Athame ou com seu equivalente, pertencente ao Coven, a Espada. Athame e Espada nunca devem ser usados para um corte de verdade - com exceção na hora de cortar o bolo de casamento ou *Handfasting*, como mencionamos anteriormente. Para qualquer corte ou inscrição real que tenha que ser feito no Círculo, a faca de cabo branco deve ser usada; este instrumento é de propriedade do Coven.

As facas de cabo preto e cabo branco são usadas da mesma forma pelos Magos cerimoniais; elas são descritas na *Clavícula de Salomão*.

Nos dias em que a comunicação de longa distância era quase inexistente e a maioria das pessoas não sabia escrever, uma faca era usada em um dos vários feitiços para saber como uma pessoa ausente estava passando. Sua faca seria mantida, e enquanto a lâmina permanecesse brilhante, tudo estaria bem; caso se tornasse opaca, ela estava em apuros; se enferrujasse muito ou quebrasse, ela estaria morta e a família entraria em luto. As roupas deixadas por ela eram observadas quanto à deterioração da mesma maneira.

Presumivelmente, as famílias fariam uma Magia positiva, cuidando para que tal ferrugem ou deterioração não ocorresse.

Outra forma desse feitiço era manter uma amostra da urina do ausente em uma garrafa bem fechada. Se permanecesse clara, turva ou secasse, as mesmas três conclusões eram tiradas. A única Magia positiva possível neste caso seria verificar se a garrafa estava impecavelmente limpa para começar!

Um feitiço que todos nós devemos ter usado uma vez ou outra sem sequer perceber que era de fato Magia –, consiste literalmente em cuspir nas próprias mãos (ou pelo menos imitar a ação) antes de realizar alguma ação física, seja um trabalho, seja uma luta. Isso costumava ser feito para aumentar a força de alguém e ampliar as chances de sucesso ou de vitória. A saliva, como o sangue, costumava ser considerada como portadora da essência da vida e, portanto, como fonte de poder.

Costumava-se cuspir em um amigo que estava começando uma viagem ou prestes a realizar alguma tarefa difícil, para garantir sua boa sorte. Cuspir também enfatizava a verdade de uma declaração ou a sinceridade de uma promessa:

> DEDO MOLHADO, DEDO QUE VAI SECAR,
> CORTE MINHA GARGANTA SE UMA MENTIRA EU CONTAR.

A saliva também era usada como cura para verrugas, micose e outros problemas de pele.

Um feitiço da Cornualha para matar uma víbora era desenhar um círculo em volta dela no chão (a uma distância segura, presumivelmente), marcar uma cruz dentro do círculo e recitar os dois primeiros versos do Salmo 68: "Levante-se Deus, e sejam dissipados os seus inimigos; fugirão de diante dele os que o odeiam. Como se impele a fumaça, assim tu os impeles; assim como a cera se derrete diante do fogo, assim pereçam os ímpios diante de Deus". O que nos parece uma categorização bastante dura de uma criatura que ataca apenas quando se sente ameaçada. No entanto, uma vez morta, a víbora era considerada como tendo usos benéficos. Em Lincolnshire, a carne da víbora era fervida com uma galinha para fazer "caldo de víbora", tomada para tratar a tuberculose, enquanto em outros lugares, uma pele de víbora seca era pendurada no telhado para trazer boa sorte e proteger a casa contra o fogo.

Talvez porque a Irlanda não tem cobras, e é popularmente suposto que São Patrício as baniu da ilha, acreditava-se que os irlandeses também tinham poder sobre elas. Uma tradição do norte da Inglaterra dizia que, se um irlandês desenhasse um Círculo em volta de uma víbora ou de um sapo, o animal ficaria preso nele e morreria. Se um cachorro fosse mordido por uma víbora, a ferida poderia ser curada lavando-a com leite de uma vaca irlandesa. Até pedras da Irlanda podiam ser usadas para proteger uma casa de cobras, sapos e rãs; e essa crença sobre pedras irlandesas e amostras de terra parece ter sido difundida no norte da Europa. Não só na Europa. A Donzela do nosso Coven, Ginny Russell, nasceu na Austrália, e ela nos conta sobre uma abastada australiana, cuja casa era infestada de cobras. Ela trouxe um carregamento de terra importada da Irlanda, que foi colocada em uma vala que circunda completamente a casa. Nenhuma cobra atravessou a trincheira depois disso.

(Foi sugerido que há algum fator - talvez um fungo microscópico - em solo irlandês ao qual as cobras são alérgicas; mas aparentemente a questão ainda não foi resolvida.)

Uma crença popular muito persistente é que o que uma mulher grávida pensa afetará o caráter e as habilidades da criança, e muitas mulheres moldam seu pensamento deliberadamente para esse fim. A mãe de Stewart, por exemplo, lia toda a boa literatura que podia encontrar enquanto o carregava; e deve-se admitir que ele nunca quis ser nada além de um escritor desde que aprendeu a ler (o que aconteceu antes de ir para a escola).

Se uma mulher descobre que muitas pequenas coisas estão dando errado em seu trabalho doméstico, a tradição diz que ela pode mudar sua sorte virando o avental de trás para frente; e, colocá-lo de trás para frente em primeiro lugar, é considerado sorte, desde que seja feito acidentalmente e deixado lá dessa forma.

Não se podia varrer o pó da casa, porque a poeira é identificada com a prosperidade do lar (e não apenas nas Ilhas Britânicas). Para conservar essa prosperidade, deve-se varrer a poeira para dentro. Tendo coletado tudo junto, pode-se então reunir o pó com segurança em uma pá de lixo ou qualquer outra coisa e carregá-lo para fora.

Uma das acusações contra Dame Alice Kyteler foi que ela roubou seus vizinhos varrendo a poeira da porta da frente deles para a dela, dizendo:

> Para a casa de William meu filho,
> toda a riqueza da cidade de Kilkenny.

Outra dica para as donas de casa: as folhas de chá são usadas não apenas para adivinhação. Uma crença de Worcestershire é que espalhá-las no chão em frente à casa é uma proteção contra espíritos malignos.

Diz-se que um apostador de jogos de cartas pode acabar com uma maré de azar levantando-se e girando três vezes com sua cadeira. Por outro lado, pode-se acabar com a boa sorte de um oponente esperando até que ele jogue um fósforo usado no cinzeiro e, sorrateiramente, colocando outro transversalmente sobre o mesmo. (Contrafeitiço simples: não fume quando estiver jogando cartas ou use um isqueiro!)

Stewart e uma de nossas Bruxas, Marjorie, estavam em seu pub local um dia, e quatro homens estavam jogando pôquer. Marjorie sussurrou: "Aquele pobre homem está sempre perdendo. Vamos ajudá-lo". Assim, de pé discretamente atrás dele, eles desejavam pensamentos calmos e de boa sorte para ele. O homem ganhou quatro partidas muito lucrativas seguidas. "Talvez devêssemos nos sentir culpados por isso" –, disse Marjorie depois que eles saíram. "Mas ele é um tolo que merece um pouco de descanso, então eu não sinto". Nem Stewart.

Em muitos lugares, acredita-se que a água da chuva tenha poderes mágicos. A chuva que caía no Dia da Ascensão costumava ser coletada e mantida como cura para muitas doenças, especialmente para olhos fracos ou doloridos. No País de Gales, acreditava-se que os bebês banhados na água da chuva falavam mais cedo do que os outros, e o dinheiro lavado na água da chuva não podia ser roubado.

As tradições sobre ações de boa sorte às vezes se contradizem. Alguns acreditam que uma cama deve ser colocada ao longo de uma linha Norte-Sul (uma crença compartilhada pela pioneira da educação sexual, Dra. Marie Stopes) e que um alinhamento Leste-Oeste trará inquietação e pesadelos, enquanto outros defendem exatamente a opinião oposta. Pelo menos a escola Norte-Sul dá uma razão, cientificamente significativa ou não: que o posicionamento Norte-Sul se harmoniza com as correntes magnéticas naturais da Terra.

Novamente, em alguns lugares é considerado sorte, e em outros muito azar, plantar batatas na Sexta-feira Santa.

Outra contradição flagrante é entre a crença britânica de que um gato preto dá sorte e a americana de que não dá sorte. Então, ao longo da história, o gato parece ter simbolizado tanto o bem extremo quanto o mal extremo; nunca foi neutro.

Para olhar para as ações de má sorte por um momento (que pode ser chamado de uma espécie de feitiço de boa sorte), há uma tradição inglesa que ainda parece ser observada: que dá azar extremo matar um pintarroxo ou danificar seu ninho ou ovos. A razão para isso pode ter sido esquecida, mas parece clara: o pintarroxo é o pássaro do Deus do Ano Crescente, então prejudicá-lo é ofender o retorno da vida e da fertilidade à Terra. A carriça, por outro lado, é o pássaro do Deus do Ano Minguante, e o ritual de caçá-lo e matá-lo no Solstício de Inverno ainda é observado em muitas tradições populares, felizmente apenas simbolicamente. É significativo que o pintarroxo seja um emblema favorito dos cartões de Natal, que, afinal, celebram a virada do ano de minguante para crescente.

Outra prática a evitar: o ditado popular de que alguém "levantou da cama pelo lado errado" tem sua raiz na velha crença de que, para garantir a boa sorte, deve-se sair da cama do mesmo lado em que deitou.

Rãs secas, sapos, besouros pretos e aranhas eram todos pendurados no pescoço em saquinhos de seda como feitiços de cura; e o infeliz sapo às vezes era preso com alfinetes e atormentado de outra forma, como uma imagem de cera viva, para causar dor a um inimigo ou a um amante infiel.

Diz-se que um pedaço de enxofre carregado ou levado para a cama com você previne ou cura reumatismos e cãibras.

Fazer manteiga manualmente sempre foi um negócio complicado, então um feitiço do sul de Midlands para seu sucesso envolvia repetir esta rima enquanto você a batia:

Vem, manteiga, eu te bato,
vem, manteiga, vem.
O grande Touro de Banbury
Não vai ter ninguém.

Outros distritos tinham suas próprias rimas com o mesmo propósito. Se o batedor ou seu cabo fosse feito de madeira de sorveira, isso protegeria contra feitiçaria maligna, à qual se acreditava que o processo de bater era muito vulnerável.

A sorveira, ou freixo da montanha, sempre foi considerada uma árvore mágica. Diz-se que são encontrados ao redor de círculos megalíticos e lugares sagrados druídicos conhecidos, sugerindo que sua reputação mágica é realmente muito antiga. Na Finlândia, era a árvore sagrada da Deusa Mãe-Terra Rauni, como seu nome enfatiza. Em alguns lugares na Grã-Bretanha é conhecida como a árvore do vime ou árvore-Bruxa. Com demasiada frequência, desde os séculos de perseguição, a palavra "Bruxa" tem sido usada apenas para significar feiticeiros malignos, como na rima escocesa:

SORVEIRA E FIO ESCARLATE,
DIMINUEM DAS BRUXAS A VELOCIDADE.

Ramos ou bagas de sorveira eram usados de várias maneiras diferentes para a proteção mágica de casas e pessoas. Em alguns distritos, o momento de usá-las era o Dia da Sorveira, 3 de maio. Em Yorkshire,

SE O SEU CHICOTE COM SORVEIRA É FEITO,
COM SEU CAVALO PODE IR
PARA QUALQUER CIDADE SATISFEITO.

As Bruxas tinham fama de serem capazes de tirar leite de uma vaca a distância - e uma proteção contra isso era um galho de sorveira preso no cabelo da cauda da vaca.

Um galho de sorveira fazia parte de uma coleção de itens, obviamente destinados a amuletos mágicos, encontrados em um túmulo da Idade do Bronze na Dinamarca.

A sorveira era frequentemente plantada em cemitérios escoceses para impedir a entrada de Magia maligna. Um exemplo famoso é o túmulo de David Ritchie, em Manor Churchyard, no

Condado Peeblesshire, o qual Sir Walter Scott fez o protótipo de seu romance *The Black Dwarf*. Ritchie tinha medo de feitiçaria, e era seu desejo moribundo ter seu túmulo cercado por árvores de sorveira – que ainda podem ser vistas.

Crianças nascidas com uma membrana fina sobre suas cabeças eram consideradas extremamente sortudas. As membranas sempre foram mantidas como amuletos de proteção, especialmente por marinheiros, para serem protegidos contra afogamento. Ainda em 1944, uma mulher em Oxfordshire recebeu a proposta de £10 (uma quantia considerável naqueles dias) pela membrana de seu bebê pela parteira, que queria dá-la a um amigo marinheiro. A mãe preferiu guardá-la para dar sorte ao bebê e recusou a oferta.

O Invocador de nosso Coven, Francis De'Venney, tem uma tradição familiar de marinheiro e ele próprio foi um pescador de traineira. Ele tinha uma membrana, mas foi perdida, possivelmente roubada, e ele disse que precisa de outra.

Francis nos conta, aliás, que, além da razão prática para um marinheiro usar um brinco de ouro (para pagar seu enterro se seu corpo for levado à praia), acredita-se que seja um amuleto contra o afogamento – que parece assegurar proteção dupla. Mas se for usado um pouco mais alto no lóbulo da orelha, torna-se um amuleto contra a morte pelo fogo.

Se você encontrar uma aranha tecendo uma teia em sua casa pela manhã, principalmente em uma janela, significa que o dinheiro está chegando; mas você deve deixar a teia em paz até que o dinheiro realmente apareça. Então pode remover a teia, mas deve se desculpar com a aranha por ter que fazer isso.

As aranhas nunca devem ser mortas; elas têm sido símbolos de boa sorte desde os tempos Pagãos e na tradição popular cristã e muçulmana. Suas teias têm sido usadas desde tempos imemoriais para cobrir cortes e curar febre, asma, verrugas e insônia.

Um feitiço para proteger uma criança recém-nascida contra espíritos malignos foi muito difundido na geografia e no tempo e ficou conhecido como *Couvade*. Envolve o pai encenando o parto – gemendo quando sua esposa geme e, após o nascimento, levando o filho para a cama e se comportando como se fosse ele que tivesse passado por todas as dores do parto e estivesse se recuperando delas. Amigos e vizinhos apoiam essa encenação meticulosa, dando-lhe os alimentos apropriados, enquanto a mãe leva a criança embora apenas o tempo suficiente para alimentá-la.

O Bastão sempre foi um instrumento reconhecido por Magos, Bruxas e fadas madrinhas; mas um tipo tem sido usado magicamente por pessoas comuns, o de vidro, com muitas linhas de cabelo internas ou pequenas sementes coloridas. Pendurados em uma casa, eles deveriam forçar qualquer demônio ou Bruxa maligna que entrasse a parar e contar as linhas ou as sementes, o que levaria algum tempo, enquanto isso, não poderiam prejudicar ninguém na casa. Diz também que o Bastão absorve qualquer doença ou infecção. Quaisquer influências nocivas coletadas podem ser limpas pela manhã com um pano.

Uma "ferramenta" para um feitiço inglês do século 16, que ainda está esperando para ser trabalhado, está pendurada na parede da Abadia de Buckland, perto de Plymouth. Trata-se de um tambor que se acredita que Sir Francis Drake tenha levado consigo em sua viagem ao redor do mundo. A tradição é que quando ele estava morrendo, ordenou que o tambor fosse levado de volta para Devon. Se a Inglaterra alguma vez estivesse em perigo, o tambor deveria ser tocado, e ele voltaria para ajudar a defendê-la.

Ou, se acreditarmos na lenda de Devonshire, esse feitiço já foi feito pelo menos duas vezes – e Drake voltou, não na sua antiga forma, mas reencarnou como os grandes almirantes Blake e Nelson. E há alegações persistentes de que seu tambor foi ouvido durante a Segunda Guerra Mundial na véspera da evacuação de Dunquerque e novamente na véspera do Dia D –, ambas, apropriadamente, operações marítimas de vital importância para o país de Drake.

Ao descrever os feitiços e encantos populares que mostramos aqui e nos últimos três capítulos, usamos as palavras "é" e "era" um tanto arbitrariamente –, porque descobrimos que nunca é possível dizer com confiança que uma determinada crença popular está morta. Tais coisas têm uma notável capacidade de sobrevivência e surgem nos lugares mais inesperados.

Esses feitiços e encantos obviamente variam em qualidade, mas descartá-los todos pode ser tão imprudente quanto ingenuamente aceitar todos eles.

Um exemplo de desprezo por excesso de confiança. Edward Jenner, quando adolescente, conhecia uma crença popular de Gloucestershire, de que as pessoas infectadas pela varíola bovina se tornavam imunes à varíola. Os médicos da época desprezavam essa crença como superstição, então, quando Jenner começou a fazer experimentos, a princípio ele se manteve em silêncio, por medo de ser ridicularizado profissionalmente. Edward foi em frente para descobrir a vacinação, que confirmou completamente a "superstição" popular – e virtualmente eliminou o flagelo da varíola.

Alguns feitiços, encantos e crenças populares são de fato mera superstição, enquanto outros contêm preciosas verdades enterradas. Mas qual delas?

Uma coisa é certa: para responder a essa pergunta, não devemos ignorá-las ou deixá-las se perder, mas devemos valorizá-las e nos esforçar para compreendê-las, em termos de nossa consciência da realidade multinível.

Como disse um americano, falando a uma tribo amazônica, cujo modo de vida estava ameaçado de extinção: "Toda vez que um velho curandeiro morre, é como se uma biblioteca inteira fosse incendiada".

XV

FEITIÇOS DE CURA

Nos vários contextos dos capítulos anteriores, já citamos muitos feitiços de cura; agora vamos olhar para o assunto em si.

Em feitiços de cura e cura psíquica em geral, um ponto deve ser fortemente enfatizado. É errado e muito perigoso considerar tal trabalho como rival ou desdenhoso do tratamento médico "normal"; os dois devem se complementar.

Com muita frequência descobrimos que as pessoas que nos pedem feitiços de cura têm muito medo ou preguiça de ir ao médico. Assim, nossa primeira reação aos pedidos de cura é sempre perguntar: "O que seu médico diz?" - e em seguida garantir que nosso tratamento apoie e não entre em conflito com o tratamento do médico; ou se descobrirmos que o paciente não consultou um médico e há a menor indicação de que seria aconselhável, que o faça.

Duas coisas devem ser lembradas. Em primeiro lugar, muitos médicos e enfermeiros foram atraídos por sua profissão, porque, consciente ou inconscientemente, eles têm uma capacidade natural de cura. Todos nós conhecemos médicos de clínica geral e enfermeiras, cujo próprio envolvimento em um caso é tão terapêutico quanto suas pílulas. E segundo, embora se deva ouvir a intuição no diagnóstico, é perigosamente arrogante supor que ela sempre pode substituir anos de treinamento médico. Um bom médico depende de ambos. Tivemos enfermeiras, médicos e outros trabalhadores da área da saúde em nosso Coven, e sabemos de muitos outros na Arte. Andraste de San Francisco, por exemplo, trabalha como assistente de um médico e nos diz que, "... frequentemente os pacientes pedem feitiços ou adjuvantes de ervas para tratamentos mais padronizados".

A maioria das pessoas que usam feitiços de cura tem suas próprias técnicas preferidas.

Susa Morgan Black nos diz que, em feitiços de cura "as pedras são o meu método favorito de usar cores. Pedras verdes são maravilhosos tônicos de cura geral, pedras amarelas são ótimos estimulantes mentais, pedras vermelhas são bons purificadores de sangue e energizantes, pedras azuis podem ajudar na memória, pedras roxas podem melhorar a espiritualidade. Se você tem um amigo com um problema cardíaco crônico, faça um boneco dessa pessoa e insira um pedaço fino de quartzo-rosa na área do coração do boneco. Se um amigo tiver uma perna quebrada, tenha uma foto dele, inteiro e saudável, em seu altar, com um quartzo-transparente na perna. Use isso para enviar energia de cura para seu amigo. A cor é uma maneira maravilhosa de curar. Você pode fazer com que pessoas emocionalmente traumatizadas usem pedras cor-de-rosa ou roupas cor-de-rosa; faça com que bebam água que foi carregada com quartzo-rosa durante a noite (especialmente durante a lua cheia); dê-lhes um tratamento rosa, usando celofane rosa sobre uma fonte de luz e ilumine seus corpos enquanto você os massageia.

O uso de pedras e gemas para cura com cores se sobrepõem, é claro, ao efeito de ressonância que discutimos no Capítulo VI, Configuração de um Feitiço.

A cor também entra no uso das velas. Nós e muitos outros consideramos as velas um método eficaz de concentração na arte dos feitiços; você pode intensificar sua consciência de propósito ao acender e olhar para a chama, que por si só transmite uma mensagem de foco concentrado e intensidade de força de vontade. E a sensação de esforço sustentado é intensificada pela declaração de que o propósito terá sido alcançado quando a vela queimar até alcançar uma agulha espetada no corpo da própria vela, ou quando ela se queimar completamente, ou ainda o que você achar apropriado.

A "imposição das mãos" é um método familiar de cura psíquica ou espiritual. Está um pouco fora do campo da arte de feitiços como tal, mas pode muito bem entrar tanto no diagnóstico quanto no próprio feitiço como um acessório, por assim dizer.

Nesse ponto, vale a pena saber um fato: que todos têm uma mão que dá e uma que recebe energia. Para a maioria das pessoas, a mão direita é a "doadora" –, mas essas não são necessariamente as mesmas pessoas que normalmente são destras de outras maneiras.

Aqui está uma maneira simples de descobrir isso. Junte as duas mãos naturalmente, com os dedos entrelaçados. (Cada um faz isso instintivamente à sua maneira e acham o contrário estranho.) A mão com o polegar em cima é a mão que dá energia, aquela que é melhor para enfatizar a ação de um feitiço de cura. O outro lado é o receptor de energia, aquele que é melhor para diagnóstico ou para extrair energia negativa.

Uma coisa importante a ser lembrada aqui, no entanto: se você estiver extraindo energia negativa, a cada poucos segundos deve colocar sua mão de lado e sacudi-la para liberar essa energia (certificando-se de que não há pessoa ou animal por perto naquela direção). Caso contrário, você mesmo poderá absorver a energia nociva.

Muitos feitiços de cura dos tempos antigos e de outras terras podem ser encontrados nos capítulos XI e XV, mas aqui estão alguns para encerrar este capítulo.

Primeiro um feitiço caldeu para curar a dor de cabeça. Uma faixa de cordas, com um nó à direita, é disposta plana e regularmente com "um diadema de mulher" à esquerda. As instruções continuam:

DIVIDA-O DUAS VEZES EM SETE FAIXAS MENORES;
ENROLE-O NA CABEÇA DO DOENTE;
ENROLE-O EM TORNO DE SEU ASSENTO DE VIDA;
ENROLE-O NAS MÃOS E NOS PÉS;
SENTE-O EM SUA CAMA;
UNJA-O COM ÁGUAS ENCANTADAS.

Um feitiço egípcio antigo para curar picada de cobra é recitado sobre um modelo de falcão (representando o Deus Hórus), feito de madeira de hera e pintado, com duas penas na cabeça. Você abre a boca e oferece pão, cerveja e incenso e depois coloca no rosto do paciente e recita:

> Flua, ó veneno, venha para o chão. Hórus te conjura, ele te corta, ele te cospe, e tu não te levantas, mas cai. Tu és fraco e não forte, covarde e não lutas, cego e não vês. Tu não levantas o teu rosto. Tu voltaste e não encontras o teu caminho. Tu choras e não te regozijas. Tu rastejas e não apareces. Assim fala Hórus, eficaz em Magia! O veneno que estava se regozijando, os corações das multidões se afligem por isso; Hórus o matou por sua Magia. Aquele que chorou está em alegria. Levante-te, tu que estavas prostrado. Hórus te restaurou à vida. Aquele que veio carregado sai por si mesmo. Hórus superou suas mordidas. Todos os homens, quando contemplam Ra, louvam o filho de Osíris. Volte, ó cobra, conjurado é o seu veneno que estava em qualquer membro de [nome] o filho de [nome]. Eis que a Magia de Hórus é poderosa contra ti. Flui, ó veneno, para o chão.

XVI

FEITIÇOS DE AMOR

Na crença popular, os feitiços de amor estão no topo da agenda das atividades de uma Bruxa. O encantamento ou a misteriosa poção que trará o bonitão à sua porta com um buquê de rosas na mão e a carteira recheada de cartões de crédito; ou a donzela de gelo que de repente descongela e pula em sua cama, esquecendo tudo o mais.

Sofremos com os efeitos dessa crença, assim como a maioria das Bruxas. O peticionário acredita que a Bruxa pode contornar a liberdade de escolha daquele que é desejado (para não mencionar as próprias deficiências do peticionário) e fazer com que ambos vivam felizes para sempre.

Em alguns casos, nem mesmo depois. Um homem nos ligou oferecendo-nos £100 se pudéssemos levar uma determinada senhora para a cama com ele. Stewart, que atendeu a ligação, começou a explicar nossa atitude em relação a tais pedidos e o homem o interrompeu, como que para atenuar, explicando: "Só por uma noite". E ele ainda ficou mais ofendido quando Stewart abandonou a diplomacia e lhe disse o que pensava dele.

Para ser justo, a maioria dos pedidos são mais sinceros do que esse. Muitos peticionários acreditam genuinamente que podem consolidar a felicidade se apenas os obstáculos iniciais puderem ser superados; e talvez alguns deles estejam certos. Mas o problema ético básico de saber se um feitiço é justificado raramente é tão simples quanto eles parecem pensar.

Em sua edição de 15 de julho de 1988, a revista Best publicou um artigo "Bruxaria – É realmente tão perversa?", no qual eles entrevistaram várias pessoas, incluindo nós mesmos. Era um artigo muito sensato e equilibrado, do qual nenhuma Bruxa sensata poderia reclamar. (Incluía até uma especialista católica em grupos religiosos minoritários, Jackie Clackson, que disse ter descoberto que as Bruxas "... parecem se importar com os outros e com a ecologia e têm um sentimento pela natureza e pela cura natural, enquanto cristã, falamos a mesma língua".

Ela apenas considerou – como tinha o direito de fazer – que, embora descobrisse que "em geral, as Bruxas são mais religiosas do que a maioria das pessoas", elas não foram longe o suficiente.)

Sobre feitiços de amor, o artigo citava Janet da seguinte forma: "Algumas pessoas fazem feitiços de amor usando imagens de cera. Pessoalmente, eu acho que essas imagens são um pouco duvidosas, mas elas funcionam. Eu poderia conseguir o amante que ela procurava em 24 horas, mas o problema é, o que acontecerá quando ela não o quiser mais? Um amante trazido a você por Magia não será tão fácil de se livrar".

Na verdade, Janet havia dado mais razões para a "ineficácia" dos feitiços de amor, porém em um artigo de duas páginas, a revista compreensivelmente não poderia citar tudo na íntegra. Mas como resultado, recebemos uma enxurrada de cartas de pessoas implorando para que fizéssemos feitiços de amor para elas. Algumas delas claramente não leram além das palavras "24 horas". No momento em que escrevo este livro, faz um mês ou mais desde que o artigo foi publicado, e ainda estamos avançando, tentando respondê-los.

Um deles não podemos deixar de citar. Foi de uma garota de 20 anos que disse: "Eu decidi sobre o homem com quem quero me casar. É Michael Jackson, o cantor. No entanto, minhas perspectivas de conhecê-lo são escassas. Será que você poderia inventar um feitiço que inflamasse o desejo dele e o fizesse se apaixonar por mim?"

Podemos assegurar ao Sr. Jackson que não tomamos tal medida!

Alguns desses pedidos são comoventes, alguns patéticos e outros transparentemente egoístas. Para muitos, podemos dar o tipo de conselho puramente humano que um psicólogo, assistente social ou amigo solidário poderia dar; mas no que diz respeito aos feitiços reais, para praticamente todos eles temos que explicar o porquê de estarem fora de questão.

Em primeiro lugar, seria errado fazer tal feitiço quando não se conheceu e teve tempo de conhecer ambas as pessoas envolvidas (e, em alguns casos, também terceiros). Caso contrário, a pessoa ouviu apenas um lado das coisas, possivelmente inadequadamente, e simplesmente não pode julgar a situação com justiça.

Mas o problema ético básico é: tal feitiço equivaleria a manipulação? Isso distorceria ou anularia a liberdade de julgamento e ação do indivíduo? Como vimos no Capítulo III, tal manipulação não é apenas moralmente inadmissível, é altamente perigosa.

Um feitiço de amor manipulador é ainda mais perigoso, talvez, do que a maioria das formas de manipulação. O verdadeiro amor envolve todos os níveis, incluindo a mente consciente, a mente intuitiva, as emoções e o corpo. Seu equilíbrio é mais complexo e sutil do que qualquer outra esfera do funcionamento humano, e deve encontrar seu próprio nível - auxiliado, no máximo, por conselhos compreensivos, encorajamentos ou advertências, mas mesmo essa ajuda deve ser contida e cautelosa.

Qualquer feitiço de amor que passa por cima do equilíbrio natural e da liberdade de escolha pode realmente funcionar para começar. Mas inevitavelmente, o equilíbrio natural se reafirmará no final, e os resultados quase certamente serão desastrosos para ambas as partes - e para a pessoa que operou irresponsavelmente o feitiço.

Um feitiço de amor nunca é justificado, então?

Pode ser -, mas apenas para ajudar a remover os obstáculos a um desenvolvimento natural; e seu propósito deve ser previsto com muita exatidão, como, é claro, o de qualquer feitiço. Deve-se, portanto, incluir uma ressalva firmemente mantida e desejada - "...mas somente se for correto para ambos".

Aqui vai um exemplo de anos atrás. Quando morávamos em Londres, Janet tinha observado dois amigos que estavam claramente atraídos um pelo outro, mas ambos eram muito tímidos para dar o primeiro passo. Depois de um tempo, Janet decidiu que a ajuda era necessária e justificada. Então ela pegou duas peças de xadrez, um rei e uma rainha, identificou-os como o homem e a mulher e os colocou em extremidades opostas da lareira. A cada dia ela os aproximava, desejando que os obstáculos fossem superados – "... mas só se for correto para eles". Nenhum deles sabia de sua ação, então, ou desde então; mas logo o homem tomou coragem e pediu a moça em namoro.

O relacionamento deles floresceu, eles se casaram e, quando ouvimos sobre eles pela última vez, estavam muito felizes e criando uma família.

Há um ponto sutil aqui sobre a arte de feitiços, porém algo importante. Janet moveu as duas peças de xadrez em quantidades iguais uma em direção à outra – não apenas *uma* indo em direção à outra. O simples movimento de um implicaria que apenas um deles precisaria se ajustar à situação, ao passo que, no desenvolvimento de qualquer relacionamento amoroso, nenhum dos dois deve permanecer estático e em dificuldades – em outras palavras, sendo manipulativo. Quem realmente vai avançar no processo depende deles, mas o movimento subjacente deve ser mútuo. Se Janet tivesse movido apenas uma das peças, sua atitude psicológica em relação ao problema estaria errada, e na arte dos feitiços a atitude psicológica é muito importante.

Repetidamente, é realmente o requerente, e não o objeto de seu desejo, que precisa ser trabalhado. Um Bruxo que conhecemos era constantemente importunado por uma conhecida para fazer feitiços de amor para ela. Sem criar ilusões na mulher, nosso amigo recusou consistentemente. No final, a mulher conseguiu um livro popular de feitiços e trabalhou seu próprio encantamento, alimentando-o com seu próprio desejo poderoso. Funcionou – uma e outra vez –, mas em cada caso, assim que se deitava com um homem, ela não o queria mais. Sua motivação era apenas sexual, indiferente aos homens como pessoas; ela apenas queria dominá-los e usá-los. Nosso amigo Bruxo havia avisado que isso aconteceria, mas ela não percebeu.

Há muitas pessoas por aí como essa mulher que, nas garras de suas emoções, ignorariam todos os avisos, todos os fatores éticos e tentariam usar feitiços de amor para alcançar seus objetivos.

O feitiço de amor mais eficaz e justificável de todos é aquele que você trabalha em si mesmo.

Susa Morgan Black, de San Francisco, pensa da forma correta. Ela nos diz: "Eu não acredito em fazer um feitiço de amor para uma pessoa em particular. Eu acredito em ser específico sobre o que você está procurando em um homem ou em uma mulher, e incluir isso no feitiço. Então, deixe o feitiço fluir e aproveite sua vida. Seja paciente e confie em seu eu superior e nos Deuses".

Isso certamente funcionou para Susa: "Criei um espaço sagrado, com velas e incenso e untei meu espelho mágico com óleo de artemísia. (A artemísia é uma erva de Vênus.) Olhei profundamente no espelho e projetei minha imagem no astral para o homem desconhecido em meu futuro, minha alma gêmea. Minha intenção era atraí-lo para mim entrando em seus sonhos e fazendo-o desejar me conhecer. Curiosamente, quando conheci Michael, eu lhe parecia familiar, embora nunca tivéssemos nos conhecido antes".

Por curiosidade, Susa colecionou um Museu de Magia do Amor que "...contém amuletos e talismãs de todos os tipos. Eu tenho colheres de amor galesas, todos os tipos de ervas e pedras que atraem amor, raiz de Adão e Eva, saquinhos mojos, bonecos, amuletos de vime, ímãs de amor, velas atrativas de amor, óleos e incensos, etc." Sem dúvida, os donos originais de muitas dessas coisas as teriam usado de maneiras que Susa teria desaprovado!

Kevin Carlyon, de Sussex, nos conta como conheceu sua esposa, Ingrid, como resultado inesperado de um trabalho que ele havia feito para um propósito bem diferente. Ele cita isso para ilustrar a importância de controlar os pensamentos estranhos durante o trabalho com a arte dos feitiços. Se isso não for feito, pensamentos irrelevantes para a intenção do feitiço podem roubar o poder dele e produzir manifestações não intencionais.

Nesse caso, Kevin teve sorte – o efeito colateral foi totalmente positivo; mas se seus pensamentos estranhos tivessem sido negativos, o resultado também poderia ter sido.

> "Uma loja de ocultismo local em Hastings (ele nos conta) me pediu para fazer uma vela especial para trazer sorte ao negócio. Carrissa, dona da loja, havia desenhado seu próprio conjunto de cartas de Tarô, então pensei que seria bom gravar o desenho de uma delas em uma vela. Eu escolhi a carta da Estrela. Carreguei-a com energia positiva; mas percebi que, enquanto fazia a vela, estava pensando em coisas pessoais também – uma das quais era encontrar uma nova namorada, pois eu não tinha uma na época.
>
> Levei a vela para a loja e Carrissa ficou encantada com ela. Cerca de uma semana depois, eu estava em uma feira de ocultismo em Hastings quando notei uma garota lendo um livro sobre Bruxaria. A dona da barraca estava tentando vender para ela o que eu considerava lixo, então fui até lá e recomendei seu livro *The Witches' Way*.
>
> Conversamos e começamos a sair juntos. Cerca de uma semana depois, fui ao apartamento dela e lá vi a vela da Estrela que eu havia feito. Acontece que a mãe de Carrissa a vendeu para Ingrid por acidente... O resto, como dizem, é história."

Helen, de Lancashire, nos dá outro exemplo do princípio de que, em questões de amor, geralmente é o buscador, não o procurado, que precisa ser trabalhado. Ela é a mais velha de três irmãs. Em 1981 ela se preocupou com a irmã do meio, que "... por motivos pessoais, médicos e sociais tinha chegado aos vinte e cinco anos sem nunca ter tido um namorado. Isso foi agravado pelo fato de eu estar casada há sete anos e nossa irmã mais nova ter um fluxo constante de admiradores. Resolvemos ajudar. Traçamos um Pentagrama em uma vela nova, ungimos e carregamos com a ideia de mais autoconfiança para minha irmã, principalmente na área romântica. Tivemos que colocar a vela em algum lugar onde passasse por ela diariamente, mas que minha mãe não a encontrasse enquanto estivesse limpando! No final, eu a empurrei através da trama solta do tecido na parte de baixo de seu divã. (Até onde eu sei, ela ainda está lá!). De qualquer forma, o feitiço fez seu trabalho. A vida social da minha irmã de repente floresceu, e em dois anos ela se casou – e viveu feliz para sempre."

Sexo, como vimos no Capítulo VII, é uma das mais fortes fontes de poder psíquico na constituição humana. Como parte de um relacionamento amoroso de muitos níveis, pode ser uma joia brilhante. Como única motivação, pode ser um touro na loja de porcelana humana, e qualquer relacionamento que tente se basear apenas nisso está caminhando, na melhor das hipóteses, para um desvanecimento decepcionante e, na pior das hipóteses, para sérios danos mútuos.

Se já existe um relacionamento amoroso, mesmo em um estágio inicial de desenvolvimento, não há mal nenhum em usar feitiços para melhorar esse desenvolvimento. Mas eles devem ser trabalhados em você, não no seu parceiro. Percebendo que é você como uma pessoa que o parceiro ama, você deve tentar se ver através dos olhos dele, entender o que ele ama em particular e se esforçar para desenvolver essas qualidades em si –, mas sem falsificar sua natureza básica, o que arruinaria o objetivo do exercício.

Um dos melhores feitiços de amor dessa natureza é a simples palavra "*Desculpe*" – a admissão franca de que você falhou ou machucou seu parceiro de alguma forma e que você não é orgulhoso demais para dizer isso ou tentar consertar o erro. (Muitas vezes isso evoca a resposta: "Não, a culpa também foi minha" – o que é um passo importante para os dois, embora não esperar nem exigir, a palavra "*Desculpe*" do outro é apenas metade da intenção.) Pode parecer um exagero chamar isso de "feitiço", mas é um feitiço –, porque, se for sincero, não é apenas um pedido de desculpas, é um compromisso consigo mesmo de que você tentará não repetir o erro; e ao se comprometer a permanecer vinculado a esse compromisso, você está de fato fazendo um feitiço em si mesmo.

Auxílios materiais e símbolos, como vimos em outros lugares, podem ser de grande valia no trabalho com feitiços, fornecendo um foco para sua imaginação e força de vontade. Eles também podem ser úteis neste contexto.

Digamos, por exemplo, que você sabe que seu parceiro valoriza sua calma e depende disso para equilibrar seu próprio nervosismo ou tendência a reações exageradas. Você sabe, então, que esta é uma qualidade que vale a pena fortalecer, mesmo que apenas por amor ao seu parceiro. Então, quando você estiver sozinho, pode pegar uma vela, de uma das cores apropriadas (veja Cores no Capítulo VI, Configuração de um Feitiço), relaxar e acendê-la. Então diga a si mesmo algo assim:

> Essa vela é meu presente de calma. Arde com meu amor, ardente, mas não abrasador. Sua luz é brilhante, mas não ofuscante. Sua chama arde constantemente. Se uma corrente de ar a perturbar, ela retornará rapidamente à sua forma natural. Se algo a apagar, posso reacendê-la em um instante. É uma estrela brilhante na escuridão, e quanto mais profunda a escuridão, mais a pessoa amada precisa dela para encontrar seu caminho. Devo ter a certeza de que ela está sempre acesa quando ele/ela precisar...

E assim por diante, procurando sempre em sua mente mais paralelos entre a vela e a calma que seu parceiro valoriza; porque é da cor que é, por exemplo, ou porque você a está acendendo em um castiçal específico. Guarde a vela em um lugar seguro, retire-a e repita sua meditação solitária sobre ela sempre que sentir necessidade. Em pouco tempo, quando sentir sua calma ameaçada, apenas evocar a imagem mental da chama da vela deve ser suficiente para restaurá-la. É uma boa ideia (como em todos os feitiços) usar sua criatividade para encontrar símbolos que signifiquem algo para você. Então aqui vai um exercício.

Digamos que você sabe que é propenso ao ciúme e que isso está prejudicando seu relacionamento. Aqui estão algumas afirmações que você pode fazer para si mesmo:

- O ciúme é um cheiro ruim. Isso distancia a casa de se tornar um verdadeiro lar.
- Ciúme significa falta de confiança em mim mesmo; temo que outras pessoas possam ser mais atraentes ou interessantes do que eu.
- Ciúme é possessividade. A pessoa amada e eu somos parceiros dispostos, pessoas por direito próprio, não propriedade um do outro. Possessividade não é amor.

- O ciúme pode corroer os preciosos momentos compartilhados, seja de paz ou de paixão. É um veneno a ser erradicado.
- O ciúme é verde, porque mofo e decadência são verdes.

E assim por diante. Tente elaborar símbolos e rituais simples para bani-lo – ou qualquer outra falha que você saiba que precisa ser tratada.

Um feitiço para proteger um ente querido e mantê-lo ciente e seguro pelos laços de amor, enquanto ele ou ela está ausente, é enviado a nós por Laurie Cabot, de Salem, Massachusetts. Laurie, aliás, é conhecida como "A Bruxa Oficial de Salem" – um título de cortesia concedido a ela pelo governador Michael Dukakis, cujo nome não é desconhecido até mesmo para leitores não americanos.

Para o feitiço dela, você precisa de uma agulha, uma vela rosa, uma vela preta, um incensário, incenso e mirra, uma jarra grande com tampa apertada, um pouco de veludo preto, um Pentáculo de ouro puro e um fio preto. (Um "pentáculo de ouro puro" é algo que poucas Bruxas possuem; nós certamente não. Porém qualquer disco dourado ou moeda, por menor que seja, servirá ao propósito, desde que você designe e visualize que este item carrega a essência de uma estrela de 5 pontas, ainda que a estrela esteja invisível.)

Laurie escreve: "Coloque os ingredientes em sua mesa ou altar. Lance um Círculo Mágico. Queime o incenso para purificar seu Círculo. Em seguida, acenda a vela preta para atrair toda a energia para lançar o feitiço e a vela rosa para o amor. Enrole o pentáculo no veludo preto e costure-o para cobri-lo.

Adicione dois fios de linha preta longos o suficiente para colocar sobre a borda do frasco de vidro. Segure o pentáculo na mão esquerda e cubra-o com a mão direita. Feche os olhos e visualize em sua mente a pessoa amada. Então, enquanto as velas tremeluzem e o incenso turva a sala, diga em voz alta:

Um anel dourado em torno de uma estrela
numa jarra envolta em veludo negro estará pendurado
protegendo-te, meu amor
enquanto de mim estiveres afastado.
Peço que tudo isso seja correto
e para o bem de todos.
Que assim seja.

Em seguida, coloque o pentáculo coberto no frasco e feche a tampa. Encontre um lugar para manter o frasco no alto de uma prateleira ou pendure-o em uma fita sobre uma porta de frente para uma janela, com um prego ou em um suporte para plantas fora do alcance.

Laurie nos diz que quando este feitiço foi usado no caso de uma criança fugitiva, a fugitiva ligou, dizendo: "Mãe, estou voltando para casa. Eu pude sentir sua proteção e amor".

Sobre esse tipo de trabalho – um pensamento pertinente de Maxine Sanders em seu livro *Maxine: The Witch Queen* (pp. 150–1):

> "Pode-se trabalhar o que é chamado de Magia 'Simpática' nesses casos, que às vezes é bem-sucedida. 'Simpática' aqui significa 'trabalhar em total simpatia com', e muitas vezes isso envolve o uso de imagens. A simpatia com a imagem criada é absolutamente necessária se você quiser ter sucesso nessa forma de Magia. Talvez não se perceba quão absoluto deve ser esse amor, essa simpatia. Isso é o que torna as coisas tão difíceis para a Bruxa negativa que pode estar trabalhando para matar. Você deve amar a imagem que cria tanto quanto amaria seu próprio filho, e se esse amor não existe, você está perdendo seu tempo. A Bruxa negativa está presa entre esse choque de emoções – amor pelo que ela criou juntamente a um desejo de morte. Difícil!"

Ou, como disse Spike Milligan: "Bondade e amor, esse remédio antiquado, ainda é o melhor a longo prazo".

Intimamente aliados a esses feitiços de amor positivos estão os feitiços de fertilidade humana. É claro que os problemas de infertilidade devem sempre ser levados primeiro ao seu médico, caso haja alguma coisa mundanamente prática que possa ser feita. Porém, uma e outra vez, um casal pode desejar ter filhos, mas não consegue conceber, mesmo que o médico não encontre nenhuma razão física.

Dois amigos de Stewart estavam nessa posição. Eles tentaram por anos sem sucesso e finalmente se resignaram, adotaram uma criança e relaxaram. Alguns meses depois, para sua surpresa, a esposa concebeu. Felizes com sua nova família de dois filhos, eles costumavam brincar sobre sua sorte, chamando-a de "síndrome do ovo de porcelana". (Para leitores não familiarizados com aves: ovos de porcelana são às vezes colocados embaixo das galinhas para incentivá-las a botar ovos de verdade - e isso geralmente funciona.)

Eles não são o único caso de que ouvimos falar - o que aponta para o fato de que a infertilidade aparente pode muitas vezes ser psicossomática, devido ao excesso de ansiedade e tensão. E os problemas psicossomáticos são muito sensíveis ao tratamento psíquico (em uma palavra, aos "feitiços"), porque significam que mais de um nível da individualidade total está envolvido e a experiência mostra que eles são mais bem enfrentados a partir do lado "interno".

Que tal um feitiço para resolver esse problema de infertilidade e superar a ansiedade excessiva?

Pegue um pouco de barro ou cera e faça uma pequena imagem de uma mulher grávida, com a barriga e os seios fartos. Adicione algo para identificá-lo com a mulher em questão - digamos, uma mecha de cabelo firmemente preso à cabeça. Então, com os métodos usuais de formulação precisa e visualização vívida, diga à imagem sua intenção. (Isso é feito melhor, se possível, pelo homem e pela mulher juntos.)

Em seguida, envolva a imagem em um pano dourado ou amarelo e encontre um local apropriado na Mãe Terra para enterrá-la. Isto poderia ser um local de poder mágico conhecido, como um sítio megalítico ou um poço de cura com uma matrona feminina como Brigit; ou mesmo uma igreja com uma santa padroeira. Você deve dedicar algum pensamento cuidadoso e pesquisa para escolher este lugar. Claro, você não deve enterrá-lo no jardim de uma igreja propriamente dito ou fazer qualquer coisa que profane o local escolhido (seja megalítico ou religioso) de qualquer forma. Isso seria ilegal e ofensivo e, particularmente no caso de sítios arqueológicos, poderia causar danos irreparáveis. Mas você certamente pode encontrar um lugar para enterrar sua imagem sem precisar fazer isso, desde que esteja dentro da esfera de influência do poder do lugar.

Enterre a imagem durante a lua crescente, dizendo, enquanto o faz, que está colocando-a em um lugar seguro e entregando seu problema à Mãe Terra. Termine com um apelo à própria Mãe Terra, tanto pela fertilidade quanto pela remoção da tensão e da ansiedade.

Conhecemos pelo menos um casal que achou esse ritual bem-sucedido.

Na Idade Média, os feitiços de amor seguiam a tendência geral de usar pedaços de animais - muitas vezes peças inconfundivelmente "simpáticas". Por exemplo, esse feitiço de uma coleção intitulada *The Boke of the Mervayles of the World*, para manter sua mulher fiel a você: "Se quiser, no entanto, que uma mulher não seja viciosa nem deseje outros homens, pegue as partes íntimas de um lobo, os pelos que crescem na face ou sobrancelhas dele e pelos que estão sob sua barba, queime-os todos e dê a ela para beber. Enquanto ela não souber, não desejará outro homem". Seria de se pensar que "enquanto ela não souber" deveria ser a parte mais difícil com uma tal mistura.

Um sombriamente excêntrico feitiço (para não dizer sacrílego) do *Grimorium Verum* diz: "Como fazer uma garota dançar nua: escreva em um pergaminho virgem o caractere de FRUTIMIERE com o sangue de um morcego. Em seguida, corte-o com uma pedra abençoada, sobre a qual foi rezada uma missa. Depois disso, quando você quiser usá-lo, coloque o caractere sob o parapeito ou soleira de uma porta pela qual ela deva passar. Quando ela passar, vai entrar. Ela vai se despir e ficar completamente nua, e vai dançar sem parar até a morte". O *Grimorium* admite a natureza autodestrutiva deste feitiço, acrescentando: "... se não remover o caractere; com caretas e contorções que causam mais piedade do que desejo".

Em uma nota mais gentil, dois pequenos exemplos de nossos amigos cristãos.

Certa vez, visitamos uma charmosa igrejinha na Espanha, que tinha uma estátua da Virgem em sua Capela, ricamente vestida e adornada com gerações de presentes locais e carregando um boneco de Jesus no colo. Um velhinho tinha a tarefa de cuidar deles e manter os vestidos e as joias em boas condições.

Após nossa visita, um amigo nos contou a história do homem. Ele e sua esposa chegaram à meia-idade sem o filho que tanto desejavam, então ele foi até a Virgem que estava sob seus cuidados e orou fervorosamente a ela. Para seu deleite, sua esposa deu à luz ao bebê que tanto queriam.

No curso natural dos acontecimentos, ele aprendeu os detalhes da criação de bebês, então os aplicou ao seu trabalho na igreja. Diariamente, depois disso, ele despia o boneco de Jesus, cuidava de suas partes baixas e cuidadosamente colocava uma fralda limpa - em agradecimento à mãe por responder à sua oração.

Gratidão aos seus Deuses (seja qual for a forma que você os imaginar) pelo sucesso de seus feitiços é algo que vale a pena ter em mente.

Mais perto de casa, há uma certa Irmã Marie Claire, em Dublin, que, segundo nos dizem, tem o hábito de dizer aos recém-casados: "E aqui está uma pequena oração para você: *Dê-me óleo em minha lâmpada e mantenha-me ardendo a noite*". O que não é um feitiço ruim, de jeito nenhum.

XVII

FEITIÇOS PARA RESOLVER PROBLEMAS

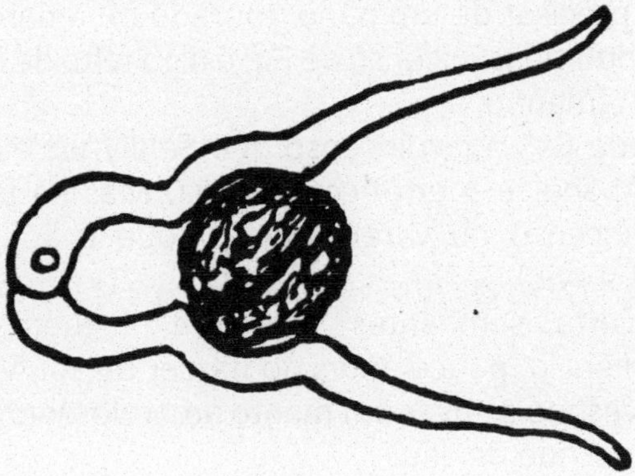

O dinheiro está no topo da lista dos problemas de muitas pessoas, e os feitiços de dinheiro são muitos e variados. Todo mundo conhece aquele feitiço sobre virar o dinheiro no bolso quando vê a lua nova através do vidro, para que ele possa aumentar com o crescente da Lua.

Seldiy Bate, de Londres, relata outro e diz que deve ser trabalhado no primeiro mês do calendário (sem dúvida uma lembrança de outro costume da lua nova, para o primeiro dia do mês lunar). "Recupere todos os trocados da casa e de seus bolsos. Quando você sair de casa pela primeira vez no primeiro dia do mês, abra a porta da frente, passe pela soleira e depois vire-se e jogue todo o dinheiro de volta na casa. Deixe-o lá até voltar, quando você deve recolher tudo e colocá-lo em um cofrinho, certificando-se de dar algumas moedas na próxima vez que receber dinheiro".

Tais gestos de gratidão, ou de reconhecimento aos Deuses que foram gentis o suficiente para conceder seu desejo, são comuns no folclore – e talvez não seja um hábito tão ruim para os feiticeiros modernos cultivarem!

O que nos leva a outro feitiço de dinheiro de Seldiy, no entanto, trata-se de uma magia de Bruxaria sofisticada e não de folclore. É especificamente para ouro e deve ser trabalhado, diz ela, ao nascer do sol de um domingo, quando a lua está crescendo.

"Você vai precisar de um pano dourado ou amarelo-ouro; seis velas douradas; incenso de Rá; e algo feito de ouro, não importa o tamanho.

("Incenso de Rá" é um incenso que Seldiy faz ela mesma – veja o Apêndice 3 em Acca e Adda. Mas na falta dele, qualquer incenso ou vareta que evoque o Sol, como o âmbar, vai servir.)

Na hora certa, sem antes falar com ninguém, prepare tudo em silêncio, pouco antes do nascer do sol. Você deve trabalhar vestido se tiver um manto amarelo-dourado, caso contrário, vestido de céu.

Monte um altar simples, voltado para o Leste ou para o Sul, coberto com o pano dourado. Deixe o incenso pronto para queimar. Coloque as seis velas em um círculo, igualmente espaçadas (com uma no ponto mais alto enquanto você olha para o altar).

Coloque o objeto dourado no centro do círculo de velas. Quando estiver pronto para começar, queime um pouco do incenso e respire o perfume, permitindo que ele ative os centros mágicos do corpo (chacras).

Agora, acenda as seis velas, começando com a mais alta e continuando em deosil (sentido horário). À medida que a luz aumenta, sinta a luz dourada preenchendo o espaço onde você está trabalhando.

Continue respirando a sensação da luz dourada se acumulando e coloque uma quantidade generosa de incenso em seu incensário. À medida que a fumaça sobe, visualize seus pensamentos alcançando o Sol nascente e visualize o ouro se derramando no centro do círculo de velas e no objeto dourado, ampliando-o.

Agora tire o objeto de ouro do círculo de velas e segure-o com as duas mãos. Ao segurá-lo, sinta a energia da luz dourada permeando seu corpo.

Apague as velas enquanto sua visualização culmina quando as chamas se apagam; deixe a energia das chamas apagadas solidificar sua imagem mental.

Agradeça e guarde tudo. Você deve manter as velas e depois queimá-las quando seu objetivo for alcançado. E deve levar seu pequeno pedaço de ouro com você (ou colocá-lo em algum lugar relevante) para que ele atraia mais ouro.

Fique em silêncio sobre este trabalho. O ouro virá até você.

A Magia sempre funcionará se as regras forem obedecidas e se seus motivos forem puros. Lembre-se de que tudo é simbólico. Um dia depois que fiz este feitiço, um cliente agradecido que tinha sido ajudado pelo meu conselho me enviou um magnífico buquê de flores amarelo-douradas!"

Os lanterninhas de teatro têm seu próprio feitiço de dinheiro. Muitos acreditam que você não deve gastar a primeira gorjeta que recebe em um novo expediente, mas deve esfregá-la nas pernas e guardá-la no bolso durante todo o dia de trabalho. Isso garantirá que haverá muito mais. (Aliás, eles acreditam que é azar aceitar uma gorjeta de uma mulher comprando um ingresso, mas é seguro fazê-lo de um homem; sorte para o primeiro espectador que chegar para qualquer apresentação, a menos que o bilhete seja de número 13; azar se não ouvir as primeiras palavras da peça; e azar se uma mulher desmaiar em sua sessão.)

Lady Isis de Columbus, Ohio, contribui com um feitiço que...

"... pode variar de muitas maneiras diferentes para qualquer que seja o seu propósito. Aqui está como ele pode ser usado para ver se você receberá uma promoção no emprego.

Em um pedaço de papel pergaminho, com tinta verde, usando uma caneta, escreva seu nome, data de nascimento, endereço, número da sorte, signo do zodíaco, etc., e seu desejo por essa promoção no trabalho.

Escreva com todo o sentimento e emoção que puder reunir.

No outro lado do papel, em tinta vermelha, escreva o nome do seu chefe, departamento, cargo, descrição, etc. – todas as informações que souber sobre ele.

Enrole o papel em um rolo e amarre com um pedaço de barbante branco. Coloque o pergaminho em uma garrafa de água pura e tampe bem. Deixe repousar algumas horas ou durante a noite e, em seguida, remova o pergaminho.

Examine a corda com cuidado. Se a corda for verde, você tem uma boa chance de obter seu desejo. Se a corda for vermelha, seu desejo ainda não foi feito. Se a corda continuar branca, coloque mais emoção na próxima vez."

(E, pode-se acrescentar, certifique-se de que sua corda não seja de nylon não absorvente!)

Outro feitiço para ajudar um candidato a emprego. Pegue um pouco de mel – da sua própria colmeia é o ideal, ou do tipo caseiro que você encontra nos mercados; caso contrário, um frasco comercializado servirá (mel claro, porque você quer que a intenção seja clara, não turva). Faça pequenas tortas de massa, recheie-as com mel, cubra-as com mais massa, como nas tortas de carne moída, e cozinhe-as. Abençoe-os ritualmente para pessoa que você está ajudando, com o verso:

Como a vida da abelha sua existência será,
Feliz como uma colmeia em atividade.
Trabalhe para você, em breve muito haverá.
Em nome dos Antigos, assim será!

Em seguida, basta dar ao seu amigo, dizendo-lhe para comer uma e esfarelar outra para os pássaros, todos os dias. A maioria das assadeiras são para uma dúzia, que dura seis dias; começar na segunda-feira pode ser uma boa ideia, como um toque extra de Magia simpática, porque é quando começa a maioria das semanas de trabalho.

Susa Morgan Black, que, como vimos no Capítulo XV, usa cristais em feitiços de cura, também os considera eficazes como solucionadores de problemas:

"Crie um espaço sagrado para você colocando três cristais em um triângulo ao seu redor. Guarde outro cristal em sua mão e limpe sua mente. Você também pode querer usar cristais na cabeça, como brincos ou um diadema em volta da cabeça. Afirme que sua mente é clara e um canal perfeito para as informações que precisa. Sua mente pode começar a brilhar, sentir-se carregada e os pensamentos fluirão por ela! Você pode até ter que desacelerar seu pensamento para filtrar todas as informações que receberá. Nesse estado de espírito, as opções serão reveladas."

Ty Dawson acha que um foco útil para um feitiço de resolução de problemas é pegar um dos Arcanos Maiores do Tarô "sinônimo do problema ou situação que se espera afetar".

A meditação concentrada na imagem do Tarô é direcionada para a produção de uma forma-pensamento apropriada. "É melhor usado quando uma decisão importante deve ser tomada, quando há duas opções igualmente equilibradas em oferta". Parece que, "... as imagens arquetípicas de um trunfo do Tarô realmente despertam a voz interior, aquele eu gêmeo oculto que sempre nos aponta na direção certa".

Seldiy Bate tem um feitiço para encontrar um objeto perdido:

> "Escreva uma descrição do objeto em um pedaço de papel. Pegue um alfinete longo, como um alfinete de costura ou um alfinete de chapéu. A última coisa à noite, antes de dormir, consiste em energizar o alfinete passando os dedos nele oito vezes, enquanto repete o nome do objeto perdido. Pegue o pedaço de papel e prenda-o energicamente no sofá. Deixe o papel lá até encontrar o que perdeu.
> Este costume tradicional é chamado de "Prender o Diabo" e é realmente muito antigo; está na minha família há gerações. E funciona ainda melhor se usar pergaminho e buril (ferramenta de gravura) – embora se você não tiver sofá, tudo estará perdido, e eu só posso sugerir que prenda seu pedido em uma almofada em vez do sofá que não possui!"

Se o "objeto" ausente for um animal de estimação, Seldiy também tem um feitiço para isso:

> "Pegue um pedaço de fita verde fina e coloque-a em um círculo em torno de algo que pertença ao seu animal de estimação – de preferência sua cama ou casa. Adicione uma fotografia, um pouco de pele, pena ou escamas, se puder – qualquer coisa para criar o vínculo psíquico. Chame seu animal de estimação pelo nome no círculo e, em seguida, dê um nó na fita com um nó triplo. Deixe-o assim até que seu animal de estimação retorne.
> É aconselhável queimar algum incenso de natureza apropriada enquanto visualiza seu animal de estimação conforme invoca – Bast para gatos, Selene para cães, Hermes para pássaros e répteis e Pan para qualquer animal. Não se esqueça de agradecer ao departamento apropriado quando seu animal de estimação retornar. Fazer uma doação para uma instituição de caridade animal seria um gesto apropriado."

(Seldiy, como dissemos acima, sempre tem o incenso "apropriado" à mão, porque ela mesma os faz.)

Um problema comum às famílias com crianças pequenas é o ciúme dos irmãos quando o segundo bebê chega. Uma boa ideia é realizar com o primeiro filho um feitiço de boas-vindas que possa ajudar a implantar nele uma atitude positiva desde o início.

Quando o bebê estiver próximo do nascimento, dê à criança um pequeno vaso de plantas que sobreviverá no jardim (ou mesmo uma caixa de janela, se você não tiver um jardim) e uma espátula. Com a sua ajuda, se necessário, faça-o cavar um buraco e plante e recite ao mesmo tempo:

> Primeiro mamãe e papai,
> e então chegou minha vez.
> Primeiro eram dois,
> Agora somos três.
> Bebê, esta flor para você eu vou plantar.
> Bem-vindo à nossa família quando seu nascimento chegar.

Será aconselhável manter um olho discreto na planta a partir de então, para garantir que ela prospere!

Finalmente, se o seu problema é "não poder levar dinheiro com você", não podemos resistir em citar um item do boletim informativo da rede Pagans for Peace, com sede em Toronto:

> Gostaria de Nascer Rico!!?? Agora Você Pode Ser!
>
> Aqui está uma oferta única na vida! Primeiro, deixe Você Nasceu Rico com $ 10.000 ou mais em seu testamento. Depois que você falecer, nosso médium profissional entrará em contato com seu espírito no Outromundo. Então você nos diz quando vai voltar e com qual nome. Após o seu retorno, nós iremos até você, aos 21 anos, e pediremos o número da sua conta bancária.
> Assim que você nos fornecer o número, lhe daremos um cheque do seu investimento original mais juros. Quanto mais tempo você demora, mais você receberá!! Você pode retornar para ser um bilionário! Mostre ao seu eu futuro o quanto você se importa – deixe um generoso presente de "boas-vindas". Nós cuidaremos do resto.

Antes que alguém rico e crédulo se apresse em responder, devemos acrescentar que, enquanto Pagans for Peace é um movimento sério e genuíno, seu líder, Sam Wagar, tem um senso de humor saudável.

XVIII

FEITIÇOS PARA O CLIMA

O clima não é afetado apenas por feitiços - ele pode ser afetado de duas maneiras. A atmosfera psíquica é particularmente sensível ao clima; e os indivíduos diferem muito em suas reações a ele.

Ty Dawson, por exemplo, nos diz que, "Pessoalmente, descobri que a consciência psíquica necessária durante feitiços, meditação ou elevação de poder aumentava durante tempestades". Ela é escritora e encontra "... um fluxo maior no meu trabalho e mais inspiração durante as tempestades, principalmente aquelas com relâmpagos concentrados". Isso, ela sente, "...enfatiza as ligações entre o organismo humano em todos os níveis e o próprio organismo da Terra"

Dawson está certo; e o efeito dessas ligações varia de um indivíduo para outro. Nós mesmos, por exemplo, descobrimos que ventos fortes perturbam Janet, mas animam Stewart; no entanto, nós dois somos elevados e mais sensíveis psiquicamente, por um céu noturno claro e estrelado.

Um feitiço marítimo tradicional vem de João, o Marinheiro: "Uma moeda atirada a barlavento ao sair do porto comprará um vento favorável para um ou dois dias; mas para ser eficaz, deve ser uma moeda que alguém deixou cair no convés por acidente e que outra pessoa encontrou. Não costumo usar isso, mas um amigo com quem naveguei usa, e funciona".

O próprio John não se sente justificado em usar feitiços climáticos:

> "Tenho uma forte sensação de que há um equilíbrio, que sou muito cauteloso em perturbar. Bons ventos na minha parte do oceano podem ser tempestades e chuvas a cem milhas da costa... Prefiro confiar em minha percepção dos elementos e em minha habilidade com barcos, como é. Não acho que a Deusa esteja descontente comigo; é notável a frequência com que recebo uma boa inclinação do vento, ou uma abertura na visibilidade, exatamente quando preciso."

Muitos feitiços sobre o clima, reconhecidamente, parecem meramente preocupados em empurrar o mau tempo para outro lugar. Como este encantamento escocês:

> Chuvoso, chuvoso tilintar
> Sobre mim não vai respingar.
> A casa de John O'Groatie deve molhar,
> Do outro lado do mar.

O que é difícil para John O'Groats – e, aliás, intrigante, pois sua famosa casa fica na costa, o edifício mais ao norte da Escócia continental. Mas seu isolamento costeiro extremo, sem dúvida, identificou-o na mente de algumas pessoas com "além do mar". (Nota irrelevante, mas interessante: o pub que agora fica ao lado dele tem a mais extensa seleção de marcas de uísque escocês que já vimos em um só lugar.)

Nos tempos antigos (e em muitas áreas tribais, como ainda existem na África ou na Austrália hoje), esse problema de incomodar os vizinhos não surgiu porque a Magia do Tempo era em nome de toda a comunidade. O Egito antigo (e moderno, até a construção da represa de Aswan) era inteiramente dependente da inundação anual do Nilo, que inundava e fertilizava os campos ribeirinhos que eram, e ainda são, toda a agricultura do Egito, com exceção de alguns oásis. A adequação dessa inundação, como os governantes e o povo deviam saber, dependia das chuvas do ano, centenas de quilômetros rio acima, de modo que a Magia de fertilidade apropriada era, na verdade, a Magia do Clima.

Quando a capital do Egito era Tebas (as modernas Karnak e Luxor), séculos atrás, o grande ritual mágico para esse fim era o Festival Anual de Opet (Apet, Taueret), a fértil Deusa hipopótamo do parto, e seu festival marcava a fertilização da Deusa Mãe-Terra de Tebas, Mut, por seu consorte Amon-Rá.

Outra Deusa envolvida foi Sopdet, a Estrela do Cão Sirius, mais comumente conhecida por seu nome grego, Sothis (Sótis). O Festival de Opet era realizado na "elevação da Deusa Sothis" – o nascimento helíaco de Sirius, que pode ser identificado exatamente como 19 de julho pelo calendário moderno – e envolvia o ritual de transporte de Amon-Rá de seu grande templo em Karnak, a poucos quilômetros rio acima, até o templo de Mut, em Luxor, para que ele pudesse se unir a ela.

Este foi o caso do hierogamos que explicamos. Um Alto Sacerdote personificaria o Deus, e uma jovem Sacerdotisa, virgem, a Deusa; e sua relação ritual era a lua de mel de Amon-Rá e Mut, pela qual a Mãe Terra se tornava fértil.

Será que esse grande ritual público, a alegria popular que o acompanhava e o hierogamos que o culminava realmente afetavam as chuvas do Alto Nilo? Cabe a você pensar o que quiser, mas certamente pode-se argumentar que o respeito comunal pela Mãe Terra que isso envolvia, e a alegre celebração de sua fertilização, representavam uma atitude mais saudável em relação a ela do que algumas que são evidentes na exploração dela hoje em dia.

Como diz Doreen Valiente (*Natural Magic*, p. 125): "Tais festivais surgiram de um sentimento profundo e instintivo da unidade de toda a vida. Esse instinto foi a base da religião e da Magia primitivas, juntamente a ideia de que a própria vida fluía de uma fonte divina invisível, da qual todas as coisas vinham e para a qual todas as coisas eventualmente retornariam".

Algumas pessoas podem, consciente ou involuntariamente, afetar o clima de seu ambiente imediato. Conhecemos uma Bruxa nas Midlands inglesas, que estava se sentindo quase sufocada por uma onda de calor de verão e se viu desejando de forma espontânea, mas com veemência, uma tempestade de neve para aliviá-la. A tempestade de neve aconteceu – breve e localmente, mas em circunstâncias muito "esquisitas", suficientemente para fazer manchetes nos jornais da cidade. (Aquela senhora teve que ser muito cuidadosa com seus desejos; ela descobriu, por exemplo, que se ela se zangasse com seu vizinho – um indivíduo bastante cansativo – o carro dele não ligava.)

Quanto aos desejos deliberados, uma de nossas Bruxas, a falecida Kathy De'Ath, tinha seu próprio feitiço do tempo para invocar a luz do sol. Ela comprava calêndulas em vasos, plantava-as em seu jardim e dizia-lhes que eram filhas do Sol e que, enquanto mantivessem os olhos abertos para o papai, ele apareceria para observá-las; caso contrário, ele se ocultaria.

A Donzela do nosso Coven, Gina, tem um feitiço que ela usa quando o céu está irregular. Ela recita várias vezes:

> Retalhos de azul no céu, querido,
> retalhos de azul no céu;
> são unidos e costurados
> e em breve o clima estará mudado.

Ginny afirma – assim como Kathy com seu feitiço de calêndula – que geralmente funciona. Aliás, Gina às vezes também usa esse mesmo encantamento, em um sentido metafórico, para corrigir "clima irregular" emocional (com a correspondente mudança na consciência da intenção), e descobre que isso também funciona.

Um feitiço tradicional de invocação do Sol usa uma vela laranja em um castiçal verde – laranja representando o Sol e verde a Terra abaixo dele. Você esfrega a vela para baixo várias vezes, desejando atrair o poder do Sol sobre ela. Quando se sentir pronto, acenda a vela e deixe-a queimar sozinha, como um convite ao Sol para derramar sua própria luz sobre a Terra.

Voltando ao mar. As Bruxas sempre tiveram a reputação de serem capazes de assobiar para produzir o vento, seja favorável para uma boa navegação ou violento para afundar um navio. Se um marinheiro conhecesse uma Bruxa que fosse gentil com ele, poderia até comprar dela uma medida de controle sobre a força do vento. De Doreen Valiente novamente (ibid., p. 131): "Uma crença generalizada nas ilhas da Escócia e na Ilha de Man era que as Bruxas podiam vender ventos aos marinheiros por meio do encanto de uma corda com nós. A corda tinha três nós, um para uma brisa leve, dois para um vento forte e três para um vendaval. O marinheiro tinha que desfazer os nós quando estava no mar e o vento soprava conforme necessário".

Dizia-se que as Bruxas finlandesas usavam o mesmo método. De acordo com Richard Eden, que escreveu em 1577, "Elas amarram três nós em uma corda pendurada em um chicote. Quando soltam um dos nós, elas levantam ventos toleráveis. Quando soltam outro, o vento é mais veemente. Mas ao soltar o terceiro, elas provocam simples tempestades, como antigamente costumavam provocar trovões e relâmpagos".

O medo da capacidade das Bruxas de soltar os ventos pode estar muito bem por trás da velha rima:

> UMA MULHER QUE ASSOBIA E UMA GALINHA QUE CONSEGUE CANTAR
> NÃO SÃO BOAS PARA DEUS E NEM AOS HOMENS PODEM AJUDAR.

Durante a histeria da perseguição às Bruxas, métodos muito mais bizarros do que um mero assobio ou um nó foram atribuídos a elas. As Bruxas de North Berwick, em seu julgamento em 1590, foram acusadas, entre outras coisas, de provocar uma tempestade para ferir o rei Jaime VI da Escócia (mais tarde Jaime I da Inglaterra), quando ele navegou para a Noruega para recolher a sua rainha de quinze anos, Ana da Dinamarca. O próprio James participou do interrogatório no Castelo de Holyrood e forçou o tribunal a rescindir a absolvição de uma delas.

Após tortura prolongada, a principal acusada, Agnes Sampson, admitiu ter conjurado a tempestade ao batizar um gato, prendendo "a parte principal de um homem morto e várias juntas de seu corpo" a cada uma de suas patas e jogando-a no mar. Quando ela confessou essa e outras cinquenta e duas acusações, a tortura parou e ela foi estrangulada e queimada. (É irônico, e típico da época, que a maioria das cinquenta e três acusações pelas quais ela foi queimada diziam respeito à cura dos doentes com feitiços!)

Pelo menos mais um soberano estava preparado para tirar vantagem do poder das Bruxas sobre o clima. Quando o rei da Suécia estava em guerra com os dinamarqueses, em 1563, ele incluiu quatro Bruxas em sua equipe para ajudar a lhe dar condições climáticas favoráveis.

A capacidade das Bruxas de trabalhar feitiços climáticos era um conhecimento geralmente aceito. Por volta de 700, o Arcebispo Theodore de Canterbury ordenou, em seu *Liber Poenitentialis*, artigo 21, uma punição de cinco anos de penitência, um deles a pão e água, pelo surgimento mágico de tempestades; e meio milênio depois, um pensador da Igreja, tão erudito quanto São Tomás de Aquino, aceitou essa habilidade como fato.

Entre os métodos mencionados para criar tempestades, produzir chuva ou afetar o clima de alguma forma, estavam: bater na água de uma lagoa com uma vara; cavar um buraco e despejar água ou urinar nela; soltar um frango sacrificado no ar; jogar uma pederneira sobre o ombro esquerdo para o oeste; jogar areia do mar no ar; molhar uma vassoura e sacudi-la; ferver pelos de cerdas; colocar gravetos na margem seca de um rio; enterrar sálvia até apodrecer; ferver ovos em um balde; bater um pano molhado contra uma pedra; ou ferver um bebê em um caldeirão. (Este último seria propaganda antibruxaria grosseira ou um código usado pelas próprias Bruxas para algo inofensivo – uma manobra que Bruxas e Magos às vezes usavam para assustar as pessoas e impedir que investigassem segredos comerciais... Um entusiasta pelos direitos dos animais contou a um amigo nosso, aterrorizado, que a loja para suprimentos ocultistas "The Sorcerer's Apprentice", em Leeds, vendia "sangue de lagartos"! Nosso amigo conseguiu assegurar-lhe que "sangue-de-dragão" – o nome real – é, na verdade, uma resina da palmeira *Calimus draco*, usada como ingrediente em alguns incensos e para tingir violinos.)

Felizmente, não há necessidade de afogar um gato, batizado ou não, ou sacrificar um frango para afetar o clima. Vários povos do Extremo Oriente fazem uso de um gato sem afogá-lo ou matá-lo, apenas molhando-o ou amarrando-o temporariamente, para conjurar chuva. Em Sumatra, as mulheres carregam um gato na água e o fazem nadar. Os javaneses dão banho em um gato e depois o carregam em procissão. Nas Celebes, eles amarram um gato a uma cadeira e o carregam pelos campos que precisam de chuva. Na Malásia, uma mulher coloca um pote sobre a cabeça, de cabeça para baixo, depois o tira, enche com água e lava um gato nele até que o infeliz animal esteja completamente encharcado.

Nós nos perguntamos por que um gato era tão popular para esse propósito. Uma de nossas Bruxas sugeriu que um gato simboliza uma nuvem de chuva, pois quando o gato está fortemente carregado de água, ele se sacode para que a água voe como gotas de chuva. Ressaltamos que um cachorro faz o mesmo –, mas ela, por sua vez, apontou que um gato é mais fácil de manusear dessa maneira do que um cachorro!

Pelo menos você pode explicar seu propósito para um ser humano, que pode adicionar sua própria força de vontade ao feitiço, o que pode ser o motivo pelo qual os druidas conjuravam chuva borrifando uma garota nua com água. Por que sempre uma mulher e nua, alguns podem perguntar? Obviamente, porque ela representava a Mãe Terra que a chuva deve fertilizar; e ela estava nua, porque a Terra não fertilizada está nua. Ao contrário do gato, ela simbolizava o recipiente da chuva, não sua fonte, e o feitiço era pura Magia Simpática. (Felizmente para ela, nas latitudes onde os druidas operavam, é no verão que a chuva se faz necessária.)

Os antigos hebreus costumavam invocar a chuva - em nome do Senhor, é claro. Samuel declarou: "... *Não é hoje a colheita do trigo? Eu clamarei ao Senhor, e ele enviará trovões e chuva*... Então Samuel clamou ao Senhor, e o Senhor enviou trovões e chuva naquele dia; e todo o povo temeu muito ao Senhor e a Samuel" (I Samuel 12: 17–18).

Janet encontrou um método simples de influenciar os ventos (para moderados, por causa de sua aversão) ao estado que ela deseja. Se ela precisar aumentar o vento para secar a roupa, ela fica de costas para o varal e exala lentamente, concentrando-se no aumento desejado. Se ela quiser acalmá-lo ou mudar sua direção, ela o encara e o inala e então sopra de volta na direção que ele vem ou exala na direção que ela quer que ele sopre - novamente com intenção concentrada.

Costumava-se acreditar que cortar ou queimar samambaias traria chuva. Quando Charles I visitou Staffordshire em 1636, seu camareiro, Lord Pembroke, escreveu de antemão ao Alto Xerife do condado para pedir que nenhuma samambaia fosse queimada durante a visita real, para garantir o bom tempo.

Na crença popular, abrir um guarda-chuva com bom tempo trará chuva. É de se perguntar como os Deuses do tempo sabem a diferença entre um guarda-chuva e um guarda-sol... O folclore acerca de guarda-chuvas na Grã-Bretanha tem apenas dois séculos, porque os guarda-chuvas são uma invenção chinesa e não apareceram na Grã-Bretanha até que Jonas Hanway se aventurasse com um em Londres, em 1778, para ser ridicularizado, até que sua utilidade fosse apreciada. Mas pelo menos o folclore em si é nativo, não importado, porque na China a simbologia do guarda-chuva era muito diferente - só podia ser usado por aqueles de sangue real ou por aqueles que tivessem sido homenageados com permissão real.

Uma recomendação final sobre o assunto de fazer chover: leia o Capítulo 5 *de The Casebook of a Working Occultist*, de Elizabeth St. George, para um relato do encontro de seu marido na Nigéria com um feiticeiro que havia estudado ciência com ela no Chelsea Polytechnic. A leitura do livro como um todo é hilária, mas contém algumas dicas muito práticas.

XIX
FEITIÇOS DE CONTENÇÃO

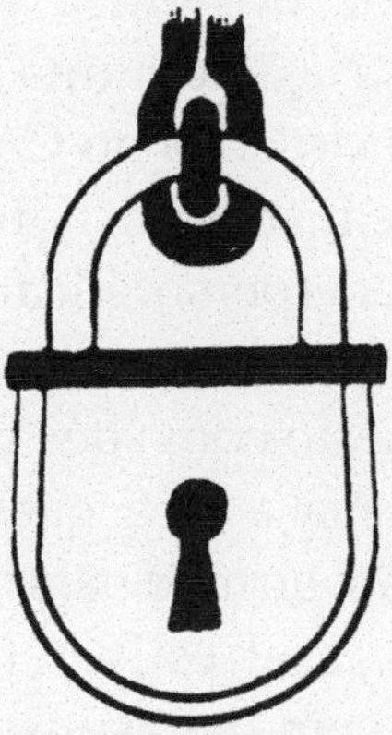

Esperamos ter demonstrado de maneira forte o suficiente, até o presente momento, que feitiços de ataque, ou feitiços que tentam manipular alguém contra sua vontade ou desenvolvimento natural, são antiéticos e perigosos para o Bruxo. Abordamos a defesa psíquica em geral no Capítulo V, e a defesa contra os ataques conhecidos pelo uso do Efeito Bumerangue no Capítulo IV.

Mas e a situação em que sabemos que alguém está fazendo o mal - talvez não na forma de ataque psíquico ou não contra nós mesmos, mas contra alguém que sentimos que devemos ajudar? Pode não ser prático confiar no Efeito Bumerangue ou dar à vítima um curso intensivo de autodefesa psíquica. No entanto, estamos impedidos de atacar o culpado. Devemos então dar de ombros e deixar o malfeitor com rédea livre?

De jeito nenhum. Fazer o mal pode ser controlado sem contra-ataque ou manipulação, por um método conhecido como "Feitiço de Contenção". Isso inibe o culpado de prejudicar qualquer outra pessoa, enquanto, conscientemente, abstém-se de desejar qualquer dano a si mesmo. Em certo sentido, também evoca o Efeito Bumerangue, pois, se o culpado persistir, essa persistência retornará à sua fonte. Também pode - e melhor ainda - ter o efeito positivo de fazer o culpado perceber que o mal não está funcionando e fazê-lo reconsiderar.

A forma mais direta do feitiço de contenção envolve a criação, nascimento e instrução de uma imagem feita de cera ou outro material, conforme descrito no Capítulo VI, Configuração de um Feitiço. Na fase de instrução, a imagem é informada com firmeza sobre o mal que ela (personificando seu sujeito humano) está causando, mas a partir de agora será impotente em fazer. Deve ser dito (parafraseando com suas próprias palavras), "Nós/eu não desejamos nenhum mal a você; qualquer dano que sofrer será de sua própria autoria, então, quando parar de infligir dano, você sairá disso". Se um grupo ou casal estiver trabalhando este feitiço, todos os participantes devem dar as instruções à sua maneira.

Como acontece com todos os feitiços de imagem, você deve usar a imaginação e a força de vontade para identificar a imagem com seu original humano e estar totalmente confiante de que ela fornece uma ligação psíquica eficaz com essa fonte.

A etapa final é, literalmente, amarrar a imagem com corda preta e envolvê-la em pano preto - sendo o preto a cor da contenção e do estabelecimento de limites. A concentração no objetivo deve ser mantida firmemente enquanto isso está sendo feito e, de preferência, reforçada pela repetição na imagem do motivo pelo qual você está fazendo isso. A imagem embrulhada é então mantida em local seguro e escuro até o objetivo ser alcançado - não esquecendo que, assim que ela não for mais necessária, deve ser descartada ritualmente em água corrente, conforme descrito no Capítulo VI, Configuração de um Feitiço.

O feitiço de contenção da imagem pode ser usado por um Bruxo solitário, casal ou um grupo, mas descobrimos que ele é uma maneira particularmente eficaz de coordenar e unificar um esforço em grupo.

Para trabalhar sozinho, Robin Skelton (*The Practice of Witchcraft Today*) sugere um equivalente mais simples da contenção de uma imagem - ou seja, colocar uma fotografia do sujeito diante de você e ter um fio preto pronto e uma vela acesa. Você se concentra na fotografia, repetindo várias vezes:

EU FALO COM VOCÊ E ORDENO QUE OUÇA.
EU FALO COM VOCÊ E ORDENO QUE OUÇA.

Enquanto você fala, vai quebrando o fio na chama da vela. Quando estiver confiante de que a comunicação foi alcançada, você instrui a fotografia como faria com a imagem. Finalmente, você queima todos os pedaços do fio na chama da vela ou no fogo.

Robin Skelton recomenda o mesmo uso de uma fotografia (neste caso, da vítima), vela e linha para quebrar um vínculo obsessivo que está fazendo mal a alguém. Neste caso, as palavras ditas à fotografia são:

> ESTE É UM VÍNCULO E ELE ESTÁ SENDO QUEBRADO.
> DESTA PRISÃO VOCÊ É AGORA LIBERTADO.
> PELO PODER DA SENHORA QUE ZELA POR MIM
> COMO EU DESEJO, QUE SEJA ASSIM!

Existe um método igualmente simples que também usamos com sucesso. Uma jovem que conhecíamos e nos preocupávamos muito estava sendo explorada e se tornando infeliz por causa de um homem em função de seus próprios fins declaradamente egoístas. Simplesmente escrevemos seu nome em um pedaço de papel, que enterramos em nosso jardim, declarando com firmeza: "Conforme este papel apodrecerá, em paz ele a deixará". Dentro de algumas semanas, ele tinha feito exatamente isso – inesperadamente, do ponto de vista dela (que não sabia nada do nosso trabalho), mas permanentemente.

Pode haver ocasiões, é claro, em que o culpado será sensível o suficiente para identificar a fonte da contenção e tentar um contra-ataque, então você deve observar sua própria defesa psíquica ao mesmo tempo.

O marido de Susa Morgan Black, Michael, concebeu sua própria forma de feitiço de contenção para proteger um amigo que estava sob um forte ataque psíquico: "Ele colocou o perpetrador em uma névoa verde", disse-nos Susa. "A neblina ancorava toda a energia negativa que essa pessoa estava gerando, de modo que, em vez de ferir nosso amigo ou qualquer outra pessoa, a energia simplesmente caía de volta à terra, para a Deusa da Terra transformar e reutilizar positivamente. Michael acrescentou o ***geis*** de que, quando essa pessoa não mais gerasse essa energia negativa, ela mesma poderia soprar a névoa para longe". (*Geis* – pronunciado "*gesh*" – é uma palavra gaélica irlandesa que significa um comando, obrigação ou proibição imposta a um indivíduo por alguém de poder, seja oficial, seja mágico. Ocorre frequentemente na mitologia irlandesa. O plural é *geasa*, pronunciado "*gassa*".)

Falando em neblina, a neblina meteorológica real também tem a reputação de filtrar e aterrar forças negativas. (Assim como a água – daí a velha tradição, consagrada, por exemplo, no poema de Robert Burns *Cutty Sark*, de que Bruxas malévolas não podem atravessá-la.)

Alguns anos atrás, Janet foi convidada a viajar para a Inglaterra para tomar medidas sobre o mal comportamento de certas Bruxas. Ela teve o apoio de alguns membros da Arte muito experientes nisso e sabia que era necessário tanto para a saúde da Arte quanto para sua imagem pública; mas ela também sabia que isso levantaria uma tempestade, não apenas das pessoas preocupados, mas até mesmo de algumas Bruxas genuínas que eram bem-intencionadas, mas incompletamente informadas sobre quais processos as ações dessas pessoas desencadeariam.

Ela fez o que era necessário, e quando alguns de seus apoiadores experientes se despediram dela na sua balsa em Londres, ela sentiu um pouco de ansiedade com a lama que já estava começando a pairar no ar.

Foi dito a ela: "Não se preocupe muito. Nós levantamos uma névoa sobre você". Janet considerou isso metafórico, mas desde o momento em que o barco começou a navegar em direção à Irlanda até atracar, ele foi cercado por uma névoa espessa, que se dissipou assim que ela desembarcou.

Toda a disputa, felizmente, foi por água abaixo; basta dizer que Janet resistiu à tempestade.

XX
FEITIÇOS ESTRANHOS

O Grimório de Muriel – Diversos

Daniel Cohen, de Londres, chamou nossa atenção para um caso interessante e até então não divulgado de trabalho em vários grupos.

Relaciona-se com a prisão, em 1981, de Peter Sutcliffe, o "Estripador de Yorkshire", pelo assassinato brutal de treze mulheres, entre 1975 e 1980, e diz respeito ao trabalho de Diana Scott, uma bela poetisa que vive em Leeds, onde a maioria dos assassinatos ocorreu. Ela deu permissão a Daniel para citá-la em nosso livro.

Diana se sentiu motivada a escrever o "Poema para Jacqueline Hill" (décima terceira e última vítima do Estripador).

> [...] parcialmente baseado no que outras mulheres estavam dizendo e fazendo em seus grupos de mulheres – isso incluía várias formas de Magia, com vários graus de treinamento variando de quase nenhum para altamente bem treinado.
>
> Este poema, originalmente publicado anonimamente, teve uma circulação muito ampla – o poema completo foi distribuído em vários eventos feministas, e seções bastante longas apareceram no The Guardian, no Yorkshire Post e em outros lugares. Ele agiu como um foco para as energias das mulheres, e isso pode ter levado à prisão de Sutcliffe (ele havia sido questionado várias vezes antes, mas sem efeito).

Um poema muito comovente e demasiadamente longo para ser reproduzido aqui, mas pode ser encontrado na p. 273 da antologia *Bread and Roses* (compilada por Diana Scott, Virago Press, 1982). Porém inclui uma passagem em nome das "treze longas sombras":

> Que eles tirem a luz de seus olhos, Estripador.
> Que eles tirem o sangue de seu corpo, Estripador.
> Até que tudo que você seja esteja na sombra profunda
> do seu próprio ódio por nós, Estripador,
> seguindo você rápido e sem caminho como um grito
> e você não matará mais:
> Que Seja Assim!

Diana estava muito insegura sobre a seção de "maldição"; ela não gostava da ideia de xingar, mas achava que era uma expressão necessária dos sentimentos das mulheres. Depois de discutir isso com Daniel e outros, ela colocou a linha que alimentou a maldição por seu próprio ódio – "Essa parecia a melhor solução, pois significava que a maldição iria acabar se o ódio dele desaparecesse". Amaldiçoar, como deixamos bem claro, normalmente é tão perigoso para o amaldiçoador quanto para o amaldiçoado, e Diana obviamente sabia disso. Mas nessas circunstâncias especiais, onde ela estava expressando poeticamente a raiva inteiramente justificável de suas companheiras (e deve-se acrescentar de inúmeros homens), sentimos que o conselho de Daniel foi correto. Pode-se dizer que, de fato, a "maldição" era tanto um Feitiço de Contenção (ver Capítulo XIX) e uma invocação de Efeito Bumerangue (veja Capítulo IV), que terminaria se e quando o ódio de Sutcliffe cessasse.

Parece que a ampla circulação do poema o tornou um foco de energia de muitas pessoas; e este é um exemplo vívido do poder do verso que mencionamos no Capítulo VI, Configuração de um Feitiço.

De 1975 a 1978, Sutcliffe conseguiu escapar de uma das maiores operações policiais que o norte da Inglaterra já viu, mas a partir de então, as pistas começaram a se acumular. Ele parecia estar sem saída; as duas últimas mulheres que ele atacou antes de Jacqueline Hill, de fato escaparam. Essa mudança de comportamento foi surpreendente depois de três anos de astúcia silenciosa bem-sucedida - e quem pode dizer que o trabalho mágico generalizado não estimulou tanto a mudança quanto o fato de que ele finalmente foi pego quase por acaso?

Se uma pessoa maligna é determinada o suficiente, o trabalho mágico que não consegue detê-la imediatamente pode, no entanto, levá-la a se destruir ou pode fornecer uma pequena semente cotidiana que finalmente floresce em sua queda.

Em uma nota muito mais leve, Gerry, de Vancouver, conta-nos que alguns anos atrás, quando ele era criança, eles se mudaram para uma casa nova. Os jovens da família "lançaram um feitiço" (sua frase). "Não tenho a certeza de que realmente sabíamos o que estávamos fazendo, mas a essência do feitiço era a de que, se os novos proprietários não amassem a casa tanto quanto nós, eles se mudariam rapidamente. Os novos proprietários duraram dois meses e os próximos apenas um mês. Os terceiros proprietários moram lá desde então".

As crianças podem de fato ser poderosas feiticeiras; os três fundamentos de visualização, concentração e força de vontade vêm naturalmente para elas. Sua visualização imaginativa pode ser tão vívida que compete e se sobrepõe à realidade mundana. Sua concentração às vezes pode ser breve, mas enquanto dura pode ser mais absoluta do que a maioria dos adultos pode alcançar. E quanto à força de vontade - todos os pais estão familiarizados com a intensidade do "eu quero!" de uma criança.

Estamos falando aqui particularmente de crianças muito pequenas, pré-adolescentes. Quando chegarem à adolescência, a educação racionalista, a confusão dos dados recebidos e a crescente percepção de que existem poucas respostas simples, terão funcionado para atenuar a inocência, a clareza e a obstinação originais da infância. Esse embotamento pode ser temporariamente compensado pela chegada da puberdade, pois uma menina ou menino púbere tende a ser um vulcão psíquico - veja a frequência com que eles aparecem em casos de fenômenos de *poltergeist*.

Mas voltando aos muito jovens, o sentimento geral na Arte é que as crianças não devem participar de Círculos de trabalho mágico, ao contrário de festivais, mas que seu senso natural de Magia deve ser encorajado e gentilmente guiado por linhas construtivas, uma vez que (como Gerry de Toronto) elas vão exercitar isso de qualquer maneira.

Em nosso livro *O Deus das Bruxas*, sugerimos um pequeno feitiço para crianças que sentimos ser um bom exemplo disso. Envolve contar a eles a história de Ísis e Osíris e como os antigos egípcios viam a fertilidade do vale do Nilo, do qual suas vidas dependiam. Milhões de pessoas no mundo hoje estão passando fome, e temos Self Aid, Band Aid, Comic Relief[8] e assim por diante para ajudá-los – então por que não Magic Aid[9]?

A criança recorta um pedaço de flanela em forma de homem (nesse contexto, de Osíris), o mantém úmido em um prato e nele semeia sementes de mostarda e agrião. À medida que germinam e crescem, ela deseja que as pessoas famintas do mundo tenham mais comida.

Tais feitiços são divertidos, bem como educativos.

Os pais podem se divertir bastante utilizando a sua imaginação para inventar feitiços adequados para seus filhos. E como Michael Bentine aponta (*The Door Marked Summer*, p. 36):

"Forças malignas e negativas abominam o som do riso genuíno.... O ódio, em particular, dissolve-se instantaneamente na presença de uma boa e velha gargalhada".

Falando em riso, aqui está um exemplo de trabalho de feitiço que parece, à primeira vista, quebrar as regras sobre a visualização clara para todo o grupo envolvido.

A família de uma de nossas Bruxas planejava emigrar da Irlanda para a Austrália, e ela nos pediu para trabalhar para eles, que estavam esperando um pouco ansiosos pela necessária permissão australiana e procurando um comprador para sua casa irlandesa.

8. N. T.: todas organizações internacionais não governamentais de caridade.

9. N. T.: traduzindo literalmente, "Ajuda Mágica".

Já havíamos trabalhado em linhas mágicas "normais" em nome deles, quando Janet decidiu fazer um pouco mais. Na atmosfera descontraída de um Círculo, após o término do ritual e outros trabalhos, ela anunciou um jogo com um propósito mágico. Todos nos sentamos ao redor de uma vela acesa, e ela começou uma história que tivemos que continuar de forma rotativa. Tínhamos que usar as palavras "luz", "fogo" e "cerveja" com a maior frequência possível, mas não podíamos usar a palavra "e". Sempre que um narrador dizia "e", a vela era apagada e reacendida, e a próxima pessoa tinha que retomar a história.

A narrativa tornou-se cada vez mais bizarra e hilária, e apimentada com coisas como "Marks com Spencer", e todos se perguntando o que Janet tinha em mente. Finalmente, e sem querer, alguém usou a palavra "Terra" - e Janet declarou que o jogo tinha acabado e seu poder foi liberado.

Ela então explicou. As palavras "luz" e "fogo", relacionavam-se com os aspectos positivos dos planos da família, "cerveja" com a imagem da Austrália e "Terra", simplesmente, com o sucesso deles. Janet manteve tudo isso claramente em mente e usou a tensão de nossa curiosidade e nossa risada para aumentar o poder. Quando a palavra-chave veio, ela o liberou.

Em uma semana, a permissão oficial da família chegou e eles conseguiram a venda de sua casa por um preço bem melhor do que esperavam. Até então, a família considerava a Bruxaria da filha um passatempo inofensivo, mas agora, até os cínicos entre eles (incluindo um matemático genial) admitiu ter dúvidas.

A moral do feitiço de contar histórias é a mesma que aparece em muitos outros campos: uma vez que você realmente domine as regras, sabe exatamente quando e como uni-las.

Stewart foi criado como um Cientista Cristão[10] - uma

10. N.T.: a Ciência Cristã é um conjunto de crenças e práticas associadas aos membros da Igreja de Cristo, Cientista. Os adeptos são comumente conhecidos como Cientistas Cristãos ou estudantes da Ciência Cristã, e a igreja às vezes é conhecida informalmente como a igreja da Ciência Cristã. Foi fundada na Nova Inglaterra do século 19, por Mary Baker Eddy, que escreveu em 1875 o livro *Ciência e Saúde com a Chave das Escrituras*, que delineava a teologia da Ciência Cristã.

religião com muito sucesso indubitável na cura psíquica, embora sua identificação do plano material com ilusão e maldade nós achamos totalmente inaceitável. Mas há pelo menos uma história dessa educação que ele gosta de lembrar e que parece sublinhar o fato de que o trabalho bem-sucedido de feitiços depende de uma visualização clara e total confiança.

Há uma passagem muito citada nas obras de Mary Baker Eddy, fundadora da religião, que inclui a frase "sem restrições por hipóteses humanas".

Uma garotinha de uma família da Ciência Cristã tinha um papagaio que estava passando muito mal. Ela disse à família que pretendia trabalhar para curá-lo. Em poucos dias, a plumagem do papagaio começou a se recuperar. Os pais perguntaram o que ela tinha feito.

"Fácil", disse ela. "Eu apenas descobri que isso não poderia ser resolvido por hipóteses humanas".

E aqui há outra história que pode ajudar os Bruxos a manter um senso de proporção. Havia um praticante de Ciência Cristã (um curandeiro em tempo integral que cobrava honorários) que era amigo dos pais de Stewart. Um dia, uma mulher veio até ele e lhe disse que havia corrigido todas as falhas dela e curado todas as suas doenças, exceto uma – ela ainda sofria de calos. Ele poderia ajudar?

Ele olhou para ela pensativo por um momento e então disse: "Fique com seus calos, senhora, e fique conosco mais um pouco".

O que se tornou um ditado familiar entre os Farrar, citado quando alguém parecia um pouco carente de autocrítica razoável.

Podemos acrescentar, de passagem, que há outro aspecto da Ciência Cristã que aprovamos. Eles consideram Deus como "Deus Pai-Mãe".

XXI

A CAUDA

Alguns anos atrás, Janet estava em um pub em East Anglia, com um amigo. Era o ponto de encontro dos caçadores locais e eles estavam se reunindo lá naquela manhã.

Na parede atrás do bar havia uma cabeça de raposa e uma cauda. Quando a caçada terminou, o dono do estabelecimento estendeu a mão para o pincel e o virou para apontar na direção contrária ao caminho da caçada.

Curiosa, Janet perguntou por quê. Ele ficou um pouco envergonhado, mas foi persuadido a explicar. Seu pai tinha sido um caçador dos bons e tinha colocado a cabeça e a cauda ali, mas ele próprio não gostava de esportes sangrentos. Ele estava compreensivelmente relutante em discutir com seus melhores clientes sobre isso e sabia que eles não o ouviriam de qualquer maneira. Mas um dia, por impulso, ele virou a cauda quando a caçada começou, desejando veementemente que eles não pegassem nada. Desde então, ele vinha fazendo isso todas as vezes.

"Não sei o motivo", terminou ele timidamente, "mas parece funcionar".

Não vamos revelar o nome da vila ou do pub - pois pode ser que ele ainda esteja fazendo isso. Não gostaríamos de minar seus esforços.

APÊNDICES

Apêndice 1: Horas Planetárias

HORAS aurora	DOMINGO	SEGUNDA	TERÇA	QUARTA	QUINTA	SEXTA	SÁBADO
1ª	Sol	Lua	Marte	Mercúrio	Júpiter	Vênus	Saturno
2ª	Vênus	Saturno	Sol	Lua	Marte	Mercúrio	Júpiter
3ª	Mercúrio	Júpiter	Vênus	Saturno	Sol	Lua	Marte
4ª	Lua	Marte	Mercúrio	Júpiter	Vênus	Saturno	Sol
5ª	Saturno	Sol	Lua	Marte	Mercúrio	Júpiter	Vênus
6ª	Júpiter	Vênus	Saturno	Sol	Lua	Marte	Mercúrio
7ª	Marte	Mercúrio	Júpiter	Vênus	Saturno	Sol	Lua
8ª	Sol	Lua	Marte	Mercúrio	Júpiter	Vênus	Saturno
9ª	Vênus	Saturno	Sol	Lua	Marte	Mercúrio	Júpiter
10ª	Mercúrio	Júpiter	Vênus	Saturno	Sol	Lua	Marte
11ª	Lua	Marte	Mercúrio	Júpiter	Vênus	Saturno	Sol
12ª	Saturno	Sol	Lua	Marte	Mercúrio	Júpiter	Vênus

HORAS ocaso	DOMINGO	SEGUNDA	TERÇA	QUARTA	QUINTA	SEXTA	SÁBADO
1ª	Júpiter	Vênus	Saturno	Sol	Lua	Marte	Mercúrio
2ª	Marte	Mercúrio	Júpiter	Vênus	Saturno	Sol	Lua
3ª	Sol	Lua	Marte	Mercúrio	Júpiter	Vênus	Saturno
4ª	Vênus	Saturno	Sol	Lua	Marte	Mercúrio	Júpiter
5ª	Mercúrio	Júpiter	Vênus	Saturno	Sol	Lua	Marte
6ª	Lua	Marte	Mercúrio	Júpiter	Vênus	Saturno	Sol
7ª	Saturno	Sol	Lua	Marte	Mercúrio	Júpiter	Vênus
8ª	Júpiter	Vênus	Saturno	Sol	Lua	Marte	Mercúrio
9ª	Marte	Mercúrio	Júpiter	Vênus	Saturno	Sol	Lua
10ª	Sol	Lua	Marte	Mercúrio	Júpiter	Vênus	Saturno
11ª	Vênus	Saturno	Sol	Lua	Marte	Mercúrio	Júpiter
12ª	Mercúrio	Júpiter	Vênus	Saturno	Sol	Lua	Marte

Os planetas regentes dos dias da semana são os seguintes: domingo, o Sol; segunda-feira, a Lua; terça-feira, Marte; quarta-feira, Mercúrio; quinta-feira, Júpiter; sexta-feira, Vênus; e sábado, Saturno.

A primeira hora após o nascer do sol pertence ao planeta regente do dia. As doze horas seguintes são atribuídas aos outros planetas na ordem Sol, Vênus, Mercúrio, Lua, Saturno, Júpiter, Marte, em rotação, até o pôr do sol. As doze horas entre o pôr até o próximo nascer do sol continuam a sequência.

É claro que aurora-ocaso e ocaso-aurora duram exatamente doze horas cada durante os equinócios. Outras vezes, pode-se usar horas de sessenta minutos enquanto durar o dia ou a noite, mas sempre começando com o planeta tradicional ao nascer ou pôr do sol; ou pode-se dividir cada período por doze e usar essas "horas" mais curtas ou mais longas.

As fontes tradicionais divergem sobre o assunto ou não são claras, então a única coisa a fazer é escolher o método que lhe parece certo e mantê-lo.

Apêndice 2: Quadrados Planetários

4	9	2
3	5	7
8	1	6

SATURNO

4	14	15	1
9	7	6	12
5	11	10	8
16	2	3	13

JÚPITER

11	24	7	20	3
4	12	25	8	16
17	5	13	21	9
10	18	1	14	22
23	6	19	2	15

MARTE

6	32	3	34	35	1
7	11	27	28	8	30
19	14	16	15	23	24
18	20	22	21	17	13
25	29	10	9	26	12
36	5	33	4	2	31

SOL

22	47	16	41	10	35	4
5	23	48	17	42	11	29
30	6	24	49	18	36	12
13	31	7	25	43	19	37
38	14	32	1	26	44	20
21	39	8	33	2	27	45
46	15	40	9	34	3	28

VÊNUS

8	58	59	5	4	62	63	1
49	15	14	52	53	11	10	56
41	23	22	44	45	19	18	48
32	34	35	29	28	38	39	25
40	26	27	37	36	30	31	33
17	47	46	20	21	43	42	24
9	55	54	12	13	51	50	16
64	2	3	61	60	6	7	57

MERCÚRIO

37	78	29	70	21	62	13	54	5
6	38	79	30	71	22	63	14	46
47	7	39	80	31	72	23	55	15
16	48	8	40	81	32	64	24	56
57	17	49	9	41	73	33	65	25
26	58	18	50	1	42	74	34	66
67	27	59	10	51	2	43	75	35
36	68	19	60	11	52	3	44	76
77	28	69	20	61	12	53	4	45

LUA

Nota-se que, em cada quadrado, os números em cada uma das linhas, horizontal ou vertical, somam o mesmo total. Esses totais são: Saturno 15, Júpiter 34, Marte 65, Sol 111, Vênus 175, Mercúrio 260 e Lua 369.

Os leitores da obra *Magus,* de Francis Barrett, devem notar que há um erro em seu quadrado de Vênus: o terceiro número da esquerda, na segunda linha, deve ser 48, não 43, como os totais das linhas podem confirmar. Este erro foi repetido em vários textos, incluindo o excelente *How to Make and Use Talismans*, de Israel Regardie.

Para transformar um nome em um sigilo de quadrado planetário, converta suas letras em números de acordo com esta tabela:

1	2	3	4	5	6	7	8	9
A	B	C	D	E	F	G	H	I
J	K	L	M	N	O	P	Q	R
S	T	U	V	W	X	Y	Z	

Em seguida, trace o nome sobre o quadrado escolhido em uma linha contínua de número a número. Exemplo: o nome Regardie converte para os números 9, 5, 7, 1, 9, 4, 9, 5. No quadrado do Sol, isso produziria o sigilo mostrado na Fig. 5.

Você vai notar que é costume iniciar o sigilo com um pequeno círculo e terminá-lo com uma cruz em T. (Os quadrados reais, incluídos aqui para esclarecer o processo, são obviamente omitidos do sigilo final; veja a Fig. 4)

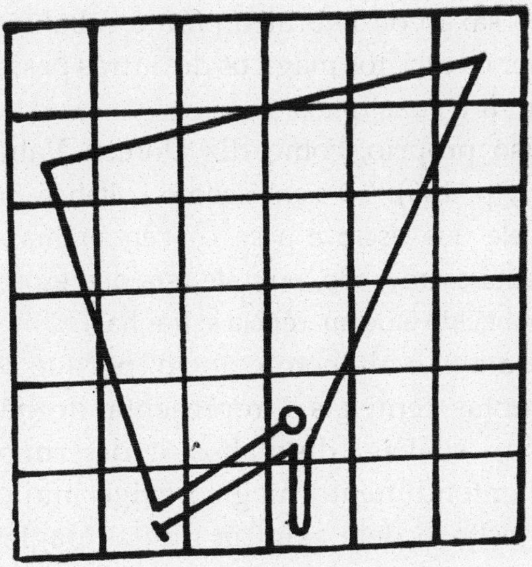

Fig. 5 – Sigilo do nome de Regardie
a partir do Quadrado Mágico do Sol

Apêndice 3: Alfabetos Mágicos

Alfabetos, sejam públicos ou esotéricos, desde os tempos antigos foram considerados como tendo um poder mágico próprio. Por "público" queremos dizer o alfabeto padrão de qualquer idioma, como egípcio, grego ou hebraico. Por "esotérico" queremos dizer alfabetos usados como código privado por Magos ou fraternidades ocultas.

Damos a seguir os alfabetos de ambas as categorias que serão mais úteis para os Bruxos, de duas maneiras. Primeiro, para uso próprio (especialmente com talismãs) em estilos particulares de trabalho - por exemplo, ogham para o celta, runas para o saxão ou hebraico para o cabalístico. E segundo, para entender os escritos mágicos de outras pessoas ou artefatos que possam vir a suas mãos.

Para uso próprio, como diz Doreen Valiente (*Witchcraft for Tomorrow,* p. 186): "O significado do alfabeto mágico é que ele compele aquele que escreve a se concentrar mais profundamente naquilo que está escrevendo, pois ele tem que expressar isso em um roteiro desconhecido e de aparência estranha".

Não citamos o alfabeto egípcio, porque seus hieróglifos chegam a tantas centenas - representando não apenas sons isolados, mas sílabas, dissílabos e determinativos -, que seu uso ou entendimento mágico exige muito estudo, e até mesmo um esboço dele exigiria muitas páginas. Para quem estiver realmente interessado, recomendamos a obra padrão, a *Egyptian Grammar,* de Gardiner; ou para uma introdução simples, *Egyptian Language,* de Wallis Budge ou *Egyptian Hieroglyphs for Everyone* de Scotts (ver Bibliografia para tudo isso).

ALFABETOS PÚBLICOS

Hebraico

De todos os alfabetos públicos, este é o mais deliberado e especificamente mágico. Cada letra tem seu próprio significado e valor numérico, e estes estão relacionados ao sistema da Cabala; as relações e correspondências essenciais serão encontradas no 777, de Crowley, e algo de seus significados hebraicos em *Numbers: Their Meaning and Magic*, de Isidore Kozminsky. A sequência de letras de um nome hebraico seria, portanto, uma fórmula simples ou complexa de significados constituintes; muito do significado esotérico do Antigo Testamento está oculto nas fórmulas cabalísticas dos nomes usados.

א	ב	ג	ד	ה	ו	ז	ח	ט
aleph	beth	gimel	daleth	he	vau	zayin	cheth	teth
י	כ	ל	מ	ם	נ	ן	ס	ע
yod	kaph	lamed	mem	final mem	nun	final nun	samech	ayin
פ	ף	צ	ץ	ק	ר	ש	ת	
pe	final pe	tzaddi	final tzaddi	gof	resh	shin	tau	

Grego

É claro que as letras gregas são úteis para coisas como talismãs, que invocam uma divindade grega, mas seria sábio procurá-las primeiro em um dicionário do idioma grego, pois a ortografia moderna aceita geralmente difere. Deméter, por exemplo, é na verdade Demetra (Δήμητρα). E você precisa saber se um "e" ou um "o" é longo ou curto, pois eles têm letras diferentes. (Isso pode parecer pedante, mas a determinação de "fazer as coisas direito" é uma abordagem saudável para trabalhar com feitiços.)

Ogham

Pronunciado *"Oh-am"*, este alfabeto foi nomeado após o Deus celta irlandês da sabedoria e da escrita, Oghma (pronuncia-se *"Oh-ma"*), que se diz ter inventado esta forma de escrita. Durante a maior parte de sua história, os celtas não a usaram; sua sabedoria e conhecimento foram preservados e transmitidos de boca a boca, por druidas e bardos, que tiveram um longo treinamento no método. A escrita do ogham foi um desenvolvimento tardio, encontrado principalmente em memoriais e outras pedras; era, como pode ser visto, ideal para gravar ao longo da borda em ângulo reto de uma pedra.

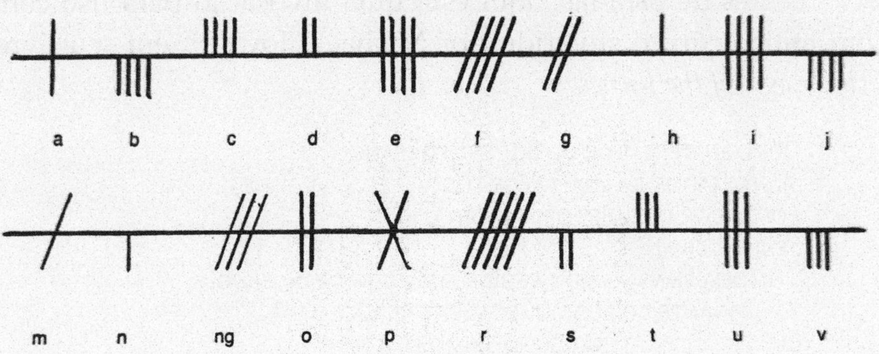

Runas

As runas foram o primeiro alfabeto germânico que se desenvolveu em formas escandinavas e anglo-saxônicas ligeiramente diferentes, com variantes locais. Originadas por volta do século 3 EC, elas ainda estavam em uso em distritos suecos remotos quase até nossos dias. Sempre foram considerados como mágicas; o próprio nome vem do antigo nórdico *run*, que significa "sussurro, conselho secreto, mistério", e o termo adquiriu o significado secundário de uma canção mágica, como na "Runa das Bruxas" da Wicca. A lenda nórdica diz que elas foram primeiramente símbolos mágicos e só depois passaram a ser usadas para escrever. Elas são frequentemente conhecidas como runas *Futhorc* ou *Futhark*, nome advindo das primeiras seis letras de sua ordem tradicional. (Na sequência, nós os colocamos em ordem ABC para simplificar a referência.)

Antes de listá-las, aqui está uma invocação para uso com um feitiço rúnico sugerido por Michael Howard, em seu livro *The Magic of the Runes*:

Odin, sustentador do Sol e do oceano,
Sustentador da Lua, pai de tudo!
Possuidor de sabedoria arcana,
Senhor das Hostes das Fadas,
Caçador selvagem do céu do solstício de inverno,
Governante do submundo e da encruzilhada,
Eu___________, invoco e chamo por ti
Para me ajudar na Grande Obra.
No momento em que eu procuro (declare sua intenção)
com sua ajuda e através da sabedoria
das runas mágicas que estão sob tua proteção.

Ignorando as muitas variantes locais das Runas, estas eram as três formas principais:

Nórdica
Germânica
Anglo-Saxã
Nórdica
Germânica
Anglo-Saxã
A
Ae
B
C
D
E
Ė
Ea
F
G
Ġ
Gh
I
J
K
K̇
L
M
N
Ng
O
Oe
P
R
S
St
T
Th
U
V
W
Y
Z

Alfabetos Esotéricos

Vários alfabetos esotéricos foram usados por Magos cerimoniais desde a Idade Média e adotados por Bruxas. Destes, o tebano parece ser o mais popular entre as Bruxas contemporâneas – talvez, porque se equipare melhor às letras inglesas. As escritas *Celestial*, *Malachim*, *Travessia do Rio* e *Magi* são baseadas no hebraico.

Alfabeto Tebano

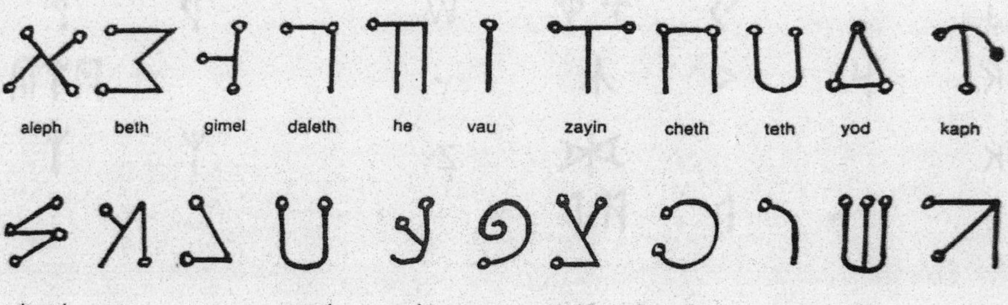

Escrita Celestial

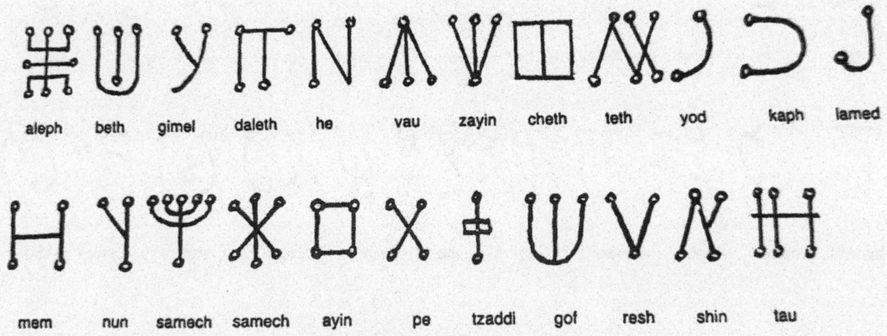

Escrita Malachim

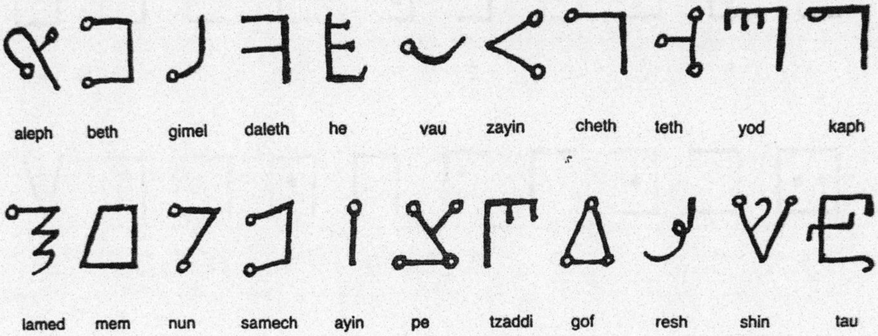

Travessia do Rio

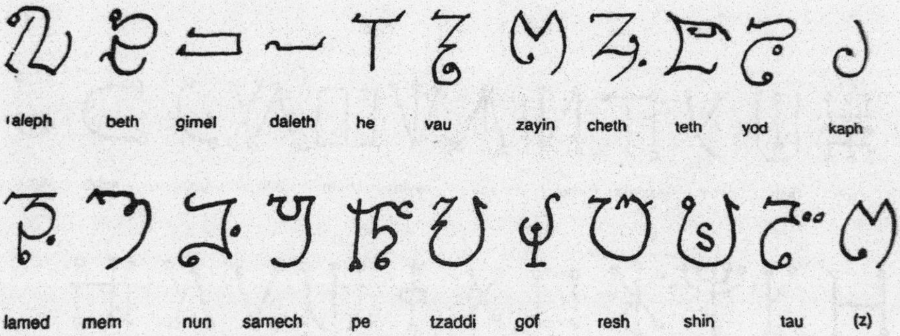

Magi (Escrita dos Magos)

Alfabeto maçônico/rosacruz

Apêndice 4: Alguns Fornecedores

Aqui está uma seleção de fornecedores de itens que podem ser úteis para trabalhar com feitiços. Não pretende ser abrangente, e não há nenhuma crítica aos fornecedores indubitavelmente excelentes que não estão incluídos. Esta lista abrange apenas fornecedores que nós mesmos usamos e consideramos satisfatórios. Sugerimos que você escreva para eles para obter listas de preços.

Acca & Adda, BCM Academia, Londres WC1N 3XX. Encomenda de incensos e óleos.

Anubis Books, 28 Bury Street, Heywood, Lancs.

Arcania, 17 Union Passage, Bath, Avon. Suprimentos para ocultismo, livros, incensos e óleos.

Craefte Supplies Showroom, 33 Oldridge Road, Londres SW12. Suprimentos para ocultismo, livros, incensos e óleos.

Mirror Magic, Sue Quatermass, 32 The Diplocks, Weston Road, Hailsham, East Sussex. Espelhos ocultistas atraentes.

Mysteries, 9 Monmouth Street, Londres WC2. Suprimentos para ocultismo, livros, incensos e óleos.

Occultique, 73 Kettering Estrada, Northampton NN1 4AW. Suprimentos para ocultismo, livros, incensos e óleos.

Prince Elric, 498 Bristol Road, Sellyoak, Birmingham B29 68D.

The Sorcerer's Apprentice, 1 The Crescent, Hyde Park Corner, Leeds LS6 2NW. Suprimentos para ocultismo, livros, incensos e óleos.

Temple of the Mother, 84-6 The Bayle, Folkestone, Kent CT20 1SJ.

GLOSSÁRIO

Alta sacerdotisa: (1) líder feminina de um Coven, e também sua líder geral. (2) Qualquer Bruxa de Segundo ou Terceiro Grau; ver entrada anterior.

Alto sacerdote: (1) líder masculino de um Coven, parceiro de trabalho da Alta Sacerdotisa que é seu líder geral. (2) Qualquer Bruxo do sexo masculino de Segundo ou Terceiro Grau. (A diferença está entre uma nomeação para um Coven e uma classificação pessoal.)

Amuleto: objeto usado para proteção. Ver Capítulo IX.

Árvore da vida: Veja Capítulo VIII.

Assombração: (1) aparição, duplo ou fantasma de uma pessoa viva. (2) Corpo astral projetado ou forma-pensamento deliberadamente enviada para tornar sua presença conhecida a uma pessoa em particular. (3) Praticante de Bruxaria (geralmente do sexo masculino) que atua como mensageiro ou escolta da Alta Sacerdotisa; às vezes chamado de Oficiante ou Invocador.

Athame (pronuncia-se *a-thâ-me*): faca ritual pessoal de uma Bruxa, de cabo preto nunca usado para corte real (a única exceção tradicional a essa regra é um bolo de *Handfasting*). Ritualmente intercambiável com a Espada (q.v.).

Bastão: uma das ferramentas elementais, representando o elemento Ar (veja também Incensário) ou, em algumas tradições, o elemento Fogo (veja também Espada).

Boneco: boneco que representa uma pessoa em particular, usado em feitiços de cura ou contenção.

Cabala, Qabalah, Cabala: veja Capítulo VIII.

Cálice, Taça: um dos instrumentos elementais, representando o elemento Água e o princípio feminino.

Covenstead: local regular de reunião de um Coven – ou às vezes a área a partir da qual seus membros vêm.

Deosil: no sentido horário, no sentido do sol. Cf. *Widdershins*.

Donzela: em um Coven, a principal assistente feminina da Alta Sacerdotisa para propósitos rituais, que pode ou não ser sua vice na liderança. Antigamente, Donzela às vezes significava o que agora entendemos por Alta Sacerdotisa.

Elemental: (1) entidade não material, simples, da natureza de um dos elementos (q.v.). (2) Forma-pensamento deliberada ou inconscientemente criada por força de vontade concentrada e/ou emoção, por um indivíduo ou grupo.

Elementos: Terra, Ar, Fogo e Água – mais o Espírito, que une todos eles.

Escada de Bruxa: cordão de quarenta contas, ou um cordão com quarenta nós, usado (como é um rosário) para repetição concentrada sem a distração da contagem real.

Espada: uma das ferramentas elementais, representando o elemento Fogo – ou, em algumas tradições, o Elemento Ar – e o princípio masculino.

Evocação: convocação de uma entidade não material de uma ordem inferior a si mesmo. Cf. Invocação.

Faca de Cabo Branco: usada para qualquer corte ou inscrição real necessária dentro do Círculo Mágico; C.f. Athame.

Familiar: (1) animal mantido por uma Bruxa, que pode dar a ela auxílio psíquico, particularmente no alerta precoce de influências negativas, às quais gatos, cães e cavalos (por exemplo) são particularmente sensíveis. (2) Às vezes usado para descrever um elemental (q.v.) no sentido descrito acima.

Fith-fath: o mesmo que boneco (q.v.)

Gnomo: nome tradicional para um elemental da Terra.

Grande Rito: principal ritual Wiccaniano da polaridade masculino-feminino. Ver Capítulo VII.

Grimório: um livro (geralmente medieval) ou "gramática" de procedimentos mágicos.

Hexagrama: (1) estrela de seis pontas, seus dois triângulos significando o princípio oculto de "Como acima, é abaixo". O mesmo que a Estrela de Davi, mas seu uso oculto é mais antigo. (2) Qualquer uma das sessenta e quatro figuras de seis linhas do I Ching, um sistema chinês de adivinhação também muito usado no Ocidente.

Incensário: um dos instrumentos elementais, representando o elemento Ar. Veja também Espada, Bastão.

Invocação: convite a uma entidade de ordem superior a si mesmo. C.f. Evocação.

Ondina: nome tradicional para um elemental da Água.

Pentáculo: um dos instrumentos elementais, representando o elemento Terra. Um disco de metal gravado com símbolos, é a peça central do altar Wiccaniano.

Pentagrama: estrela de cinco pontas, as pontas representando a Terra, o Ar, o Fogo e a Água, e a ponta mais alta representando o Espírito. Para trabalho "positivo", ele é exibido com uma única ponta na parte superior (com a única exceção do símbolo Wiccaniano de Segundo Grau). Trabalhadores "malignos" tendem a exibi-lo invertido, com duas pontas para cima.

Salamandra: nome tradicional para um elemental do Fogo.

Sephirah (sing.), sephiroth (pl.): as dez esferas da Árvore da Vida Cabalística. Ver Capítulo VIII.

Sigilo: um selo ou sinal oculto, geralmente exclusivo de um indivíduo ou entidade.

Silfo: nome tradicional para um elemental do Ar.

Talismã: objeto semelhante a um amuleto (q.v.), mas projetado para um propósito específico e geralmente para um indivíduo específico. Ver Capítulo IX.

Tantra: sistema oriental de desenvolvimento espiritual através da energia sexual.

Vestido de céu: termo usado pelos Bruxos para significar "nudez ritual".

Widdershins: sentido anti-horário: C.f. Deosil.

LOVE
DEATH

BIBLIOGRAFIA

Barrett, Francis - *The Magus* (publicado originalmente em 1801; reimpressão fac-símile Vance Harvey Publishing, Leicester, 1970).

Bentine, Michael - *The Door Marked Summer* (Granada, St. Albans, 1981)

Bharati, Agehananda - *The Tantric Tradition* (Rider, Londres, 1965; brochura 1975) Bhattacharyya, Benoytosh - *Gem Therapy* (Firma KL Mukhopadhyay, Calcutá, 1971).

Bloomfield, Frena - *The Occult World of Hong Kong* (Hong Kong Publishing Co, 1980).

Bourne, Lois - *Witch Among Us* (Satellite Books, Londres, 1979)

Brown, Raymond Lamont - *A Book of Witchcraft* (David & Charles, Newton Abbot, 1971).

Budge, Sir E A Wallis - *Egyptian Language* (Routledge & Kegan Paul, Londres e Dover Publications, Nova York, reimpressão de 1970). *Egyptian Magic* (Routledge & Kegan Paul, Londres e Boston, reimpressão de 1972).

Burland, CA - The Magical Arts: *A Short History* (Arthur Barker, Londres, 1966) Chetwynd, Tom - *A Dictionary of Symbols* (Granada, St. Albans, 1982).

Crow, WB - *Precious Stones: Their Occult Power and Hidden Significance* (Aquarian Press, Londres, 1968). *The Arcana of Symbolism* (Aquarian Press, 1970).

Crowley, Aleister - *777 Revised* (Neptune Press, Londres, 1952). Magick (Routledge & Kegan Paul, Londres, 1973).

Crowther, Arnold e Patricia - *The Secrets of Ancient Witchcraft* (University Books Inc., Secaucus, NJ, 1974).

Crowther, Patricia - *Lid Off the Cauldron* (Frederick Muller, Londres, 1981).

Culpeper, Nicholas - *Culpeper's Complete Herbal* (original, século 17; reimpressão atual, Foulsham & Co, Slough, Bucks).

Deren, Maya - *Divine Horsemen* (Thames & Hudson, Londres, 1953; brochura sob o título The Voodoo Gods, Granada, St. Albans, 1975).

Donovan, Frank - Never *on a Broomstick* (George Allen & Unwin, Londres, 1973).

Farrar, Janet e Stewart - *Eight Sabbats for Witches* (Robert Hale, Londres, 1981; Phoenix Publishing, Custer, WA, 1988). *The Witches' Way* (Hale, 1984; Phoenix, 1988). *The Witches' Goddess: The Feminine Principle of Divinity* (Hale, 1987); Fenix, 1988). *Life & Times of a Modern Witch* (Piatkus Books, Londres, 1987: brochura Headline Books, Londres, 1988; Phoenix, 1988). *The Witches' God: Lord of the Dance* (Hale, 1989; Phoenix, 1989).

Farrar, Stewart - *What Witches Do* (originalmente publicado 1971; 2ª edição Phoenix Publishing, Custer, WA, 1983).

Fernie, William T. - *The Occult and Curative Power of Precious Stones* (Rudolf Steiner Publications, Nova York, 1973).

Frazer, Sir JG - *The Golden Bough* (original de 1922; edição abreviada Macmillan, Londres, brochura, 1974).

Gardiner, Sir Alan - *Egyptian Grammar* (3ª edição, Oxford University Press, Londres, 1957).

Gardner, Gerald B. - *High Magic's Aid* (Houghton, Londres, 1949). Witchcraft Today (Rider, Londres, 1954) *The Meaning of Witchcraft* (Aquarian Press, Londres, 1959).

Gregory, Lady - *Visions and Beliefs in the West of Ireland* (publicado pela primeira vez em 1920; 2ª edição Colin Smythe, Gerrards Cross, capa dura 1970, brochura 1976).

Grimble, Arthur – *Return to the Islands* (John Murray, Londres, 1957).

Heaps, William – *Birthstones and the Lore of Gemstones* (Angus & Robertson, Londres, 1969).

Hope, Murry – *Practical Techniques of Psychic Self-Defence* (Aquarian Press, Wellingborough, Northants, 1983).

Howard, Michael – *The Magic of the Runes* (Aquarian Press, Wellingborough, Northants, 1980).

Inwards, Richard – *Weather Lore* (Rider, Londres, 1950).

Janssen, Sally E. – *A Guide to the Practical Use of Incense* (2ª edição revisada, Triad Library & Publishing Co, St. Ives, NSW, Austrália, 1972).

Johns, June – *King of the Witches: The World of Alex Sanders* (Peter Davies, London, 1969).

Kozminsky, Isidore – *Numbers: Their Meaning and Magic* (publicado pela primeira vez em 1912; 2ª edição, Rider, Londres, 1972).

Kramer, Heinrich e Sprenger, James – *Malleus Maleficarum*, trad. por Montague Summers (brochura Arrow Books, Londres, 1971).

Leland, Charles G. – *Aradia: the Gospel of the Witches*, apresentado por Stewart Farrar (CW Daniel, Londres, 1974).

Maple, Eric – *The Magic of Perfume* (Aquarian Press, Wellingborough, Northants, 1973).

Martello, Dr. Leo Louis – *Witchcraft: The Old Religion* (Livros Universitários, Secausus, NJ, sem data).

Mathers, S. Lidell MacGregor (tradutor e editor) – *The Key of Solomon the King* (Clavicula Salomonis) (publicado originalmente em 1888; Routledge & Kegan Paul, Londres, 1972).

Morrison, Sarah Lyddon – *The Modern Witch's Spellbook* (Citadel Press, Secausus, New Jersey, 1971).

Mumford, John – *Sexual Occultism* (Llewellyn Publications, St. Paul, Minn., 1975; Compêndio Pty, Victoria, Austrália, 1977).

Murray, Dra. Margaret – *The Witch-Cult in Western Europe* (Oxford University Press, Londres, 1921). *The God of the Witches* (publicado pela primeira vez em 1931; brochura Daimon Press, Castle Hedingham, Essex, 1962).

Neal, James H. – *Jungle Magic* (Harrap, Londres, 1966; brochura Foursquare, Londres, 1967).

O'Farrell, Padraic – *Superstitions of the Irish Country People* (Mercier Press, Dublin, 1978).

Quinn, D. Michael – *Early Mormonism and the Magic World View* (Signature Books, Salt Lake City, Utah, 1987).

Radford, Edwin e Mona A. – *Encyclopaedia of Superstitions*, editado e revisado por Christina Hole (Hutchinson, Londres, 1961).

Regardie, Israel – *How to Make and Use Talismans* (2ª edição, paths to Inner Power series, Aquarian Press, Londres, 1981).

Robbins, Rossell Hope – *The Encyclopaedia of Witchcraft and Demonology* (Spring Books, Londres, Nova York, Sydney e Toronto, 1959).

St. George, EA – *The Casebook of a Working Occultist* (Rigel Press, Londres, 1972).

Sanders, Maxine – *Maxine: the Witch Queen* (Star Books, Londres, 1976).

Scott, Diana (compilador) – *Bread and Roses* (Virago, Londres, 1982).

Scott, Joseph e Lenore – Egyptian Hieroglyphs for Everyone (Funk & Wagnalls, Nova York, 1968).

Sephrial – *The Kabala of Numbers* (Newcastle Publishing, Van Nuys, Califórnia, 1974).

Seton, Julia, MD – *Symbols of Numerology* (Newcastle Publishing, North Hollywood, Califórnia, 1984).

Shah, Idries – *The Secret Lore of Magic* (Citadel Press, Nova York, 1970).

Shuttle, Penelope e Redgrove, Peter - *The Wise Wound: Menstruation and Everywoman* (Gollancz, Londres, 1987).

Skelton, Robert - *The Practice of Witchcraft Today* (Robert Hale, Londres, 1988).

Slater, Herman (ed.) - *A Book of Pagan Rituals* (Samuel Weiser, York Beach, Me, 1978; Robert Hale, Londres, 1988).

Sturzaker, James - *Gemstones and Their Occult Power* (Publicações Merlin, Londres, 1977).

Tarostar - *The Witch's Spellcraft* (Importações Internacionais, Lago Toluca, Califórnia, 1986). The Witch's Formulary and Spellbook (Original Publications, New York, sem data).

Valiente, Doreen - *Where Witchcraft Lives* (Aquarian Press, Londres, 1962).

________________ *An ABC of Witchcraft Past and Present* (Robert Hale, Londres, 1973).

________________ *Natural Magic* (Robert Hale, Londres, 1975).

________________ *Witchcraft for Tomorrow* (Robert Hale, Londres, 1978).

________________ *The Rebirth of Witchcraft* (Robert Hale, Londres, 1989).

Waters, Frank - *Book of the Hopi* (Ballantine Books, Nova York, 1969).

Wedeck, Harry E. - *A Treasury of Witchcraft* (Biblioteca Filosófica, Nova York, 1961; Vision Press, Londres, 1968).

Wilde, Lady - *Ancient Legends, Mystic Charms and Superstitions of Ireland* (publicado originalmente em 1888; reimpressão em brochura O'Gorman Ltd, Galway, 1971).

Worth, Valerie - *The Crone's Book of Words* (Llewellyn Publications, St. Paul, Minn.

ÍNDICE REMISSIVO

Abadia de Buckland, 175
Aborígenes australianos, 119
Abracadabra, 105
Afrodite, 60
Agulha(s), 102, 117, 131-132, 142, 167, 180, 193
Akáshico, 61, 83
Alasca, 48
Alberto Magno, 103
Alcorão, 106, 99
Alexandre, o Grande, 102-103
Alfabetos, Apêndice, 240-241, 246
Alibeck, 114
Almirante Blake, 175
Almirante Nelson, 175
Amazônica, 176
Amor, 42, 54, 65, 70-71, 89, 97, 107, 113, 130-131, 133, 138-139, 157, 185-189, 191-192, 194, 196
Amuleto, 85, 89, 90-91, 101, 103, 105, 119, 123-124, 137, 156, 158, 173-174, 189, 251, 254
Andraste, 19, 43, 180
Arcebispo de Canterbury, 212
Arthur, Rei, 62
Animal(is), 19, 35, 48, 52, 59, 65, 67, 87-88, 91, 113, 115, 122, 124-125, 136, 139, 155, 158, 169, 181, 196, 203, 207, 212-213, 252
Ano Novo, 156-157
Apollo 13, 49
Árabe(s), 106, 112
Aranha(s), 172, 174
Arão, 99
Aristóteles, 102
Arminho, 158
Artemísia, 189
Artisson, Robin, 152
Árvore da Vida, 59, 60-61, 77-78, 251, 253
Assiah, 78-79
Astrologia, 20
Aterrar, 220
Athame, 38, 45, 52, 54-55, 68, 162, 167-168, 251-252

Atziluth, 78
Auriel, 55
Austrália, 55, 170, 208, 226-227
Aveleira, 30
Babilônia (os), 103, 112
Barco, 47, 100, 155, 167, 208, 220
Bastão, 54-55, 80, 152, 175, 251, 253
Batata (s), 130, 172
Bate, Seldiy, 96, 199, 200, 203-204
Bean Feasa, 151-152, 165
Beltane, 109, 164
Bentine, Michael, 226
Best, Christine, 43, 45
Bharati, Agehananda, 67
black, Susa Morgan, 24, 31, 43, 93, 180, 189, 202, 219
Bolota, 87, 88, 160
Bourne, Nigel, 96
Bretanha, 67, 130, 151, 159, 173, 214
Briah, 78
Bronze, 1, 91, 133, 164-165, 173
Bruxas de North Berwick, 211
Budge, Wallis, 99, 100, 240
Burns, Robert, 220
Bunyan, John, 140
Burro, 91, 154, 155
Cabala, 75-77, 241, 252
Cabelo, 57, 97, 119, 154, 157, 164, 173, 175, 195
Cabot, Laurie, 193-194
Caçada, 231
Cachorro, 91, 99, 100, 115, 138, 155, 169, 213
Caldeia, 89
Caldeirão, 55, 212
Calêndula, 209-210
Cálice, 55, 68, 80, 252
Cama, 34-35, 69, 94, 97, 126, 171-172, 175, 185
Câncer (doença), 71
Candlemas, 109
Nossa Senhora da Caridade, 131
Cardiganshire, 163
Carlyon, Kevin e Ingrid, 48, 189
Carriça, 172
Carvalho, 30, 87, 103, 164, 166,
Casamento, 71-72, 100, 158, 160-162, 168
Cavalos de Bronze, 91
Cavendish, Richard, 111-112
Cebola, 103, 163
Celtas, 243
Cherokee, 135
China, 104, 133, 214
Chui, Carole Pedley, 132
Chuva(s), 104, 106, 136, 171, 208-209, 212-214
Ciência Cristã, 227-228
Cigano(s), 137, 157-159
Círculo (Mágico), 25, 31, 33-35, 45-46, 48-50, 53-56, 58, 61, 65-66, 69-70, 83, 89, 104, 168-169, 193, 203, 226-227, 252
Clackson, Jackie, 186

Clara, Condado de, 143
Clima, 97, 108, 123, 206- 209- 210, 212
Cobra, 115, 158, 169, 170, 182
Cobre, 38, 59
Cohani, 158
Cohen, Daniel, 223
Consagração, 89
Contenção, 30, 57, 137, 217-219, 224, 252
Corda(s) (cordão), 45, 50-51, 58, 112, 118, 126, 159, 181, 201-202, 211, 218, 252
Cores, 50, 55, 60, 78-79, 87, 124, 137, 180, 192
Cornualha, 96, 118, 150, 169
Correspondências, 10, 43, 59, 75, 78, 241,
Couvade, 174
Cristais, 53, 202
Cristianismo, 108, 120, 122,
Cristo, 123
Crowley, Aleister, 59, 78, 241
Crowther, Arnold e Patrícia, 119-120
Cruzes de Brigit, 152
Cuba, 131
Dawson, Ty, 202, 207
De'Ath, Kathy, 210
Defesa, Psíquica, 29-30, 32, 37, 39, 44, 136, 217, 219
De' Venney, Francis, 174
Devonshire, 160, 175
Dia da Ascensão, 171
Dia de São Martinho, 156
Diana (deusa), 46, 130, 138-139, 223
Dinheiro, 26, 42, 56, 96, 131-133, 153, 157, 171, 174, 199, 201, 204
Disco, 86, 88, 193, 253
Doninha, 158
Drabarni, 158
Drake, Sir Francis, 175
Druidas, 213, 243
Dublin, 13, 154, 197
Dumb Cakes, 162-163
Early, Biddy, 143, 152-154, 165
Eddy, Mary Baker, 228,
Eden, Richard, 211
Efeito Bumerangue, 23, 29, 30-31, 33, 36, 217, 224
Efeito placebo, 25
Egito, 101-102, 208
Elementos, 46-47, 49, 53, 54, 59, 61, 83, 89, 114, 124, 208, 252,
Eliot, TS, 45
Endro, 163
Enfermeira, 179
Enxofre, 102, 172
Equinócio(s), 71, 109, 234
Espada, 54-55, 79, 80-83, 103, 113, 162, 168, 251-253
Espanha, 13, 119, 197
Espelho(s), 31, 37, 51, 133, 156, 161, 189
Esquilo, 87-88, 122, 137, 158

Estações, 13, 86-87, 108
Ester, 71
Estrela, 35, 138, 151, 190, 192-194, 209, 253
Ética, 9, 23-24, 29, 56
Ewe (tribo), 136-137
Faca(s), 121, 156, 167-168, 179, 251-252
Fada(s), 72, 129, 153, 156, 175, 244
Falcão, 182
Família(s), 48, 61, 88, 90-91, 130, 133, 149, 154, 162, 168, 188, 195, 203-204, 225-228
Fear feasa, 151
Federação Irlandesa da Vida Selvagem, 47
Feng Shui, 133
Ferraduras, 91, 145, 165-166
Ferreiro(s), 145, 165
Ferro, 34, 38-39, 152, 159, 164-167
Fian, Dr. John, 97, 103
Filho(s), 43, 61, 68, 81, 91, 94, 97, 101, 116, 122-123, 130, 153, 157, 160, 162, 170, 175, 182, 194-195, 197, 204, 226
Finlândia, 122, 173
Flower, Margareth e Philipa, 122
Formas de pensamento, 18
Fortune, Dion, 39, 75-76, 82-83
Fotografia, 57, 203, 218-219
França, 25, 160
Frazer, Sir James, 72
Freixo, 34, 173
Gabriel, 55
Gado 90, 109, 152
Gandharva, 106
Gardner, Gerald, 68
Gato(s), 44, 122, 125, 158, 172, 203, 211-213, 252
Geis, 219, 220
Gemas, 131, 132, 180
Genitais, 119, 120
Gerry de Vancouver, 225-226
Gibil, 103
Gloucestershire, 176
Gnomo(s), 55, 253
Golden Dawn, 55, 114
Gowdie, Isobel, 124, 126
Grande Rito, SI, 68-69, 72, 253
Grécia, 102
Gregory, Lady, 153-154, 165
Grimble, Arthur, 135-136
Grimório(s), 111-112, 114, 253
Grimorium Verum, 114, 196
Guarda-chuva, 214
Guinevere, 62
Halloween, 109, 156, 160, 162, 164
Hamilton, Silas, 140
Handsel Monday, 157
Hastings, 190
Hebreus, ver Judeus, 99, 213
Hécate, 116
Helen de Lancashire, 190
Hera, 163, 182
Hermes, 203
Hexagrama, 61, 253

Hidrofobia, 91, 114-115
Hierogamos, 71-72, 209
Hill, Jacqueline, 223, 225
Holanda, 46, 94, 130
Hong Kong, 132-134
Honi ha-Ma'agel, 104
Honório, 114,
Hope, Murry, 39, 120
Hopi, 139, 140
Horácio, 102
Hórus, 182
Howard, Michael, 244
Hrolf, 62
Igreja dos Sete Poderes Africanos, 131
Igreja(s), 59, 103, 108, 116-117, 120-121, 123, 125, 131, 152, 160, 195-196, 197, 212
Imagem de cera, 56, 59, 113, 172
Imbolc, 109
Incenso(s), 54, 59, 89, 137, 182, 189, 193, 200, 203-204, 212, 249,
Inconsciente, 19, 20, 30-31, 165
Índias, 130
Indra, 106-107
Indrani, 107
Inishkea, 46-47
Intuição, 14, 60, 179
Invisibilidade, 113, 117
Ishtar, 19
Ísis, 100, 201, 226
Itália, 137
Jackson, Michael, 186
Jenner, Edward, 176
Jeová, 114
Jersey, 121
Jesus, 62, 108, 123, 197
João, o Marinheiro, 207
Jogo de cartas, 171
Jonson, Ben, 116
Judas, 62
Judeu(s), 59, 75, 104
Júpiter, 17, 20, 60, 80, 233-235, 238
Kalderash, 158
Kalevala, 134
Karnak, 209
Kemp, Ursula, 121
Kilkenny, 152, 170
Kyteler, Alice, 146, 152, 154, 170
Laranja(s), 60, 82, 88, 137-138, 160, 210
Larkin, 48
Lebre(s), 113, 126, 150-151
Lee Penny, 90
Leeds, 212, 223
Leite, 156, 164, 169, 173
Leland, Charles G., 137-139
Ledrede, Richard de, 152
Leste, 54, 56, 159, 171, 200
Lilith Babellon, 136
Lincolnshire, 169
Língua de Cachorro, 115
Lockerbie Penny, 91
Longford, Condado de, 154
Lua(s), 18, 47, 57, 60, 72, 83, 91, 113, 134, 138, 156-157, 180, 196, 199, 209, 233-234, 238, 244

Lughnasadh, 109
Lutero, Martinho, 119
Luxor, 209
Maçã, 115-116, 150, 156
Macbeth, 115
Maeve, 71
Malásia, 213
Maldição, 25, 30, 45, 156, 163, 224
Manannan Mac Lir, 48
Manipulação, 43, 187, 217
Manteiga, 119, 156, 172,
Mão da Glória, 118
Mãos, 38, 45, 89, 113, 138-139, 151, 168, 181, 200, 240
Mara, 47-48
Maria, Virgem, 123, 131
Marian, Lady, 62
Marie Claire, 197
Marte, 18, 60, 81, 94, 233-234, 236, 238
Martello, Dr. Leo Louis, 106
Mathers, MacGregor, 111-112, 114
Mayo, Condado de, 46, 155
Medeia, 102
Medb (Maeve), Rainha, 71-72
Meio do Verão, 163
membrana, 174
Mercúrio, 17, 19, 60, 82, 233-234, 237-238
Merlin, 94-95
Michael, 54, 189, 219
Milligan, Spike, 194
Missa(s), 120-121, 196
Moisés, 99
Morgana, 62, 94-95
Mudança de forma, 116, 126, 139
Murray, Dra. Margaret, 125
Música, 46, 48, 53, 150
Mut, 209
Natal, 103, 109, 150, 160, 162, 172
Navio, 210
Neal, James H., 136-137
Nectanebo II, 101-102
Névoa, 219-220
Nigel, 96
Nigéria, 214
Nilo, 208, 209, 226
Níveis, 14, 17-19, 20, 41, 43, 53-54, 61, 66, 78, 187, 191, 207
Noiva, 155-156, 158, 160-162, 167
Noruega, 123, 211
Nudez, 120, 254
Numerologia, 62
Nypen, Lisbet, 123
Ogham, Oghma, 240, 243
Olmo, 30
Opet, 209
Osíris, 182
Ossory, Bispo de, 152
Ouriço, 158
Ovelha(s), 48, 122, 149
Ovídio, 102
Oxfordshire, 163, 174
Oxum, 131-132
Pagão(s), 67, 71, 91, 101, 108-109, 111-112, 138, 152, 154, 174,

Pan, 203
Parto, 58, 166, 175, 209
Páscoa, 109
Pé de coelho, 85
Pedras Bullaun, 155
Pedras, 53, 91, 155, 169, 170, 180, 189, 243
Peeblesshire, 174
Pendurado(s), 102, 164, 172, 175, 194
Pentáculo, 55, 89, 193-194, 253
Pentagrama, 35-37, 58, 190, 253
Perfume(s), 56, 83, 200
Perkins, William, 121
Planetários, 57, 85, 87, 94, 235
Plano, 18, 34, 43, 61, 65, 80-81, 227-228
Plínio, 103
Plymouth, 175
Poesia, 31, 44
Polinésia, 135
Poltergeist, 225
Pompeia, 106
Porco, 121, 140, 154
Pragapati, 106
Prego(s), 34, 166-167, 194
Primeiro de Maio, 164
Psicometria, 52
Puberdade, 225
Qlipha, 78
Rá (Amon-Rá), 100, 200, 209
Racionalidade, 14, 19
Rafael, 54
Raiva, 90, 115, 158, 224
Raoult, Michel, 129
Raposa(s), 48, 231
Ravel, 46
Redgrove, Peter, 60
Reencarnação, 18, 81
Relâmpago(s), 76-77, 207, 211
Revista Best, 186
Ritchie, David, 173-174
Robbins, Rossel Hope, 120-121, 125
Robin Artisson, 152
Robin Hood, 62,
Robin, Christopher, 44
Robin Skelton, 218-219
Roma, 13, 160, 166
Romani, 158
Romney Marsh, 48
Rômulo, 62
Rosa(s), 81-82, 131, 154, 159, 180, 185, 193
Rosse, Henry Lord, 122
Rothovius, Bispo, 122
Roubo, 59, 112
Rússia, 118
Rutland, Conde de, 122
Sábado, 132, 233-234
Sal, 37-38, 53-54, 58, 118, 130, 162
Salamandra(s), 54, 253
Salem, 193
Salgueiro, 30, 136, 159
Salomão, 71, 111-112, 168
Sálvia (erva), 121, 212

Samambaia(s), 118, 214
Samhain, 109, 156,
Sampson, Agnes, 211
Samuel, 213
Sanders, Alex, 68, 96
Sanders, Maxine, 68, 71, 194
Sangue-de-dragão, 212
Sansão, 119
Santeria, 131
São Crisóstomo, 108
São Cristóvão, 85
São João, 152,
St. George, Elizabeth, 49, 214
São Marcos, Véspera de, 162
São Patrício, 169
São Tomás de Aquino, 123
Sapo(s), 99, 169, 170, 172
Satanás, 115, 120, 122, 125
Scott, Diana, 223-224
Sir Walter, 174
Seda, 51, 57, 88, 172
Selene, 203
Selo, 253
Sêmen, 103
Sephirah, 76, 78, 80-83, 253
Seth, 101
Sexo, 50, 65-66, 72, 125, 191, 251
Sexta-feira Santa, 172
Shah, Idries, 114
Shakespeare, 115-116
Sheila-na-gigs, 120
Shropshire, 161
Silfo, 254
Sioux, 25
Sirius, 209
Skelton, Robin, 218-219
Smith, Joseph, 140
Sócrates, 103
Sol, 17, 54, 56, 72, 81, 83, 86-87, 100, 106-109, 118, 134-135, 138, 199, 200, 210, 233-234, 238-239, 244, 252
Solstício, 108-109, 152, 159, 163, 172
Soma, 106
Sorveira, 173
Sothis, 209
Spock, Dr., 49
Staffordshire, 214
Stanislao e Rosa, 131
Star Trek, 49
Starhawk, 26
Stopes, Dr. Marie, 171
Suécia, 212
Suffolk, 166
Sumatra, 213
Surya, 106
Sussex, 48, 149, 150, 167, 189
Sutcliffe, Peter, 223-224
Talismã(s), 85-89, 91, 94, 123, 134, 142, 144, 189, 240, 242, 254
Tambor, 175
Tantra, 66, 136, 254
Tarô, 19, 59, 78-79, 80-83, 116, 133, 190, 202-203
Tarostar, 56

Teatro, 201
Tebas (Egito), 103, 209
Tesouro(s), 83, 113, 140-141
Tessália, 102
Tetragrammaton, 79, 113
Tezra, 26
Theodore, Arcebispo, 212
Tétis, 48
Thoth, 100
Tibete, 136
Tibulo, 102
Toronto, 204, 226
Toscana, 137, 139
Trevo, 163
Trovões, 211, 213
Turiel, 114
Urina, 168
Ushas, 106
Vaca(s), 91, 164, 169, 173
Vacinação, 176
Valiente, Doreen, 68, 149, 150, 209, 211, 240
Vampirismo, 36-37
Vancouver, 225
Varíola, 176,
Varrão, 102
Varuna, 106, 107
Varuni, 107
Vassoura, 126, 129, 212
Vela(s), 2, 51, 54, 60, 89, 118, 122, 131, 180, 189, 190, 192-193, 200, 210, 218, 219, 227
Vento(s), 116, 123, 126, 133-135, 207-208, 210-211, 213
Vênus, 18-19, 60, 82, 142, 151, 189, 233-234, 237-238
Verbasco, 34
Verbena, 118, 163
Verruga(s), 122, 130, 169, 174
Verso(s), 44-46, 51, 59, 90, 116, 126, 164, 169, 202, 224
Véspera de Santa Inês, 162
Vinho, 136, 138
Visco, 103, 137
Vodu, 130-131
Wagar, Sam, 205
Wassailing, 150
Waters, Frank, 140
Weyer, Johann, 114
Wicca, Wiccaniano(a), 23, 25, 56, 68, 72, 75, 244, 253,
Williams, Elen J., 24, 42, 52, 90, 94
Winch, Eric, 89, 93
Worcestershire, 171
Worth, Valerie, 30, 34, 105, 165
Xenofonte, 103
Ya-Ya, 139, 140
Yetzirah, 78, 81
Yorkshire, 71, 132, 160, 173, 223
Young, Brigham, 140-141

Esta edição foi composta pela Ardane, São Paulo, SP.
Os papéis utilizados foram o polen natural para o miolo e o cartão triplex para a capa. O texto principal foi composto em fonte [Book Antiqua, 12 e entrelinhamento 14,4]
e os títulos em [Pine Forest, 45 e entrelinhamento 35].
Impresso no Brasil.